アナウンサー
魚住りえ

たった1日で声まで良くなる話し方の教科書

東洋経済新報社

はじめに

あなたの人生は「声」と「話し方」で決まる

★たった1日で、声も話し方もガラリと変わる！

人前でのスピーチ、営業トーク、プレゼンテーション、電話、お客様との会話、就活、合コンやデート、プライベートの雑談……。

仕事の場でもプライベートでも、「上手に話ができない」「自分の声が嫌い」「滑舌が悪い、早口といわれる」「人前で話したり会話を盛り上げるのが苦手」などの悩みをもつ人は大勢います。**ほぼ１００％の人が、声や話し方にまつわる何らかの悩みをもっている**といっても過言ではありません。

「自分の声が好きですか？」

「自分の話し方に自信がありますか？」

そう尋ねられて、胸を張ってイエスと答えられる人は決して多くありません。

たしかに、世の中にはハッとするほど話の上手な人がいます。思わず話に引き込まれてしまう、いいたいことがきっちり伝わる、時にはユーモアも交えながら、態度も堂々としている、よく通るいい声をしている……。

そんな人を見てうらやましく思ったり、自分にはとても無理だと引け目を感じたことはないでしょうか。

じつは紛れもなく、かつての私がそうでした。

しかし、そんな方に私が申し上げたいのが、**「声も話し方も、ちょっとしたコツで劇的に変わる」**ということです。

簡単なコツを実践するだけで、本当にたった1日で、声も話し方も劇的に変わります。

これは誇張でも何でもありません。

私は現在、アナウンサー活動の傍ら、オリジナルの「話し方レッスン」を行っています。

25年にわたる経験で培った声と話し方のスキルを「魚住式メソッド」としてまとめ、生徒さんに教えていますが、本当にたった1回のレッスンで声も話し方も驚くほど変わります。みなさん、口々に「自分でこんなに変わると思わなかった！」と驚かれるほどです。

「話の最初に『えー』『あー』をいわないだけで、グンと聞きやすくなる」
「『少し声のトーンを高くするだけ』で明るい印象になる」
「相づちは下手にたくさん打つより『黙ってうなずく』ほうが効果的」

一つひとつは、じつに簡単なコツですが、それを積み重ねることによって驚くほど聞きやすく、好印象をもたれる話し方ができるのです。

本書はこうしたコツを50にまとめています。元となるテキストがあったわけではなく、すべて私が自分の経験・失敗から一つひとつ学んできたものです。

本書では、私が学んできたすべてのスキルを余すところなくお伝えします。

★仕事もプライベートも「どんな話し方」をするかで決まる

2020年東京オリンピック・パラリンピックを決定づけた日本のプレゼンテーションは大きな評判を呼びましたが、このプレゼンを指導したのが、プレゼンテーション・

コーチのマーティン・ニューマンという人です。

ニューマン氏は英首相や英国王室における指導もしている有名なコーチですが、もともとはスピーチ原稿をつくるスピーチライターでした。

ところが彼は「ある間違い」に気づいたというのです。それはスピーチで一番大事なものは何かということ……。

東洋経済オンラインのインタビューで、こう語っています。

> **完璧なスピーチを書いても、デリバリー（伝え方）がまずければ、結果は散々。内容がひどいスピーチでもデリバリーで賞賛されたりする。デリバリーが人に与えるインパクト（パーソナルインパクト）は、それ以外のインパクトよりよっぽど大きいと気づかされた。**

「どんなことを話すか」よりも「どんな話し方をするか」、それが最も大事だと彼は述べています。そしてデリバリーを制する者こそがプレゼンを制するというのです。

またニューマン氏は「話すことはスポーツと一緒だ」とも語っています。

自己流でゴルフをやってある程度スコアが伸びたとしても、いつかは壁に突き当たって限界が来る。でも「コーチ」につくと、みるみる上達するといいます。

話すこともそれと同じで、コーチについてトレーニングすることが必要なのです。

考えてみれば、私たち日本人は「声を整える練習」「話し方を磨く練習」をする機会がほとんどありません。学校でも教えてくれないし、それこそアナウンサーや俳優のような職業でもない限り、大人になっても習うことはありません。**ほとんどの人が「自己流」で話しています**。

せっかくいい内容を話しているのに、声や話し方のせいで相手に伝わらない……。こんなもったいないことはないですよね。

本書は、あなたの「話し方」のパーソナルレッスンのテキストとなるべく、いろいろな工夫をこらしました。読んで実践するだけで、必ず「違い」を実感していただけると思います。

★声も誰でも簡単に変えられる

私のメソッドは「声を整える」ということも特徴のひとつです。ところが「声」の話をすると、誰もがふと自信をなくすんですね。

みなさんはレコーダーやビデオなどで録音された自分の声を聞くのは好きですか？

「大嫌いです！」

「自分の声なんか聞けたものじゃない！」

みなさん口々におっしゃいます。大丈夫、**私も録音された自分の声を聞くのは苦手**です（笑）。

「私は声が悪いんです」とみなさんおっしゃるのですが、絶対にそんなことはありません。誰でもいいところがあって、そこを伸ばせば、いい声が出せるのです。

誰もがダイヤモンドの原石をもっています。ただ、磨かれていないだけ。それはトレーニング次第で誰でも磨くことができるのです。

りえの秘エピソード

私はいまでも自分の声を聞くのが好きではありませんが、昔はもっとひどいものでした。
最初の衝撃は高校時代、放送部に入部したときのこと。自分の声を録音して聞いたのですが、「ウソでしょ！」という感じ。聞こえてきたのは自分の想像よりはるかに低くてガサガサした声でした。あまりの汚い

声に打ちのめされてしまったものです。

しかし、逆にそのとき、吹っ切れた部分もありました。

「あっ、そうか。こんなに汚い声なら、いちからやり直さなければ声優にもアナウンサーにもなれないな。だったら、いまから理想的な声に変えよう」と覚悟ができました。

またショックを受けたのは私だけではなく、新入部員のほぼ全員であり、先輩たちも含めた誰もがこの衝撃からスタートすると知り、少し安心しました。

それから練習を開始し、少しずつですが、声が整っていくのが実感としてわかりました。


声を整えるというと、すごく難しいことのように思えるかもしれませんが、じつは誰でもできるのです。

それも本書の「コツ」を実践していただくだけで、相手だけでなく、自らも聞いていて心地よい、納得のいく声に変わっていくのです。

あなたが求める「新しい声」は、トレーニングさえすれば簡単に手に入るのです。

▼腹式呼吸で話すだけで、「新しい声」は手に入る!

声が変われば、あなたの印象がまったく変わってきます。そして話し方が上達すれば、プレゼン、会議、スピーチ、営業トークなどが段違いにうまくなります。日常会話やプライベートの雑談、合コンやデートまで、ちょっとしたコツで簡単に話し上手になれます。それはビジネスの場でもプライベートにおいても、一生涯の大きな武器となってくれるはずです。

「声」を変えれば印象が変わり、「話し方」を変えれば人生が変わります。

さあ、私と一緒に「声」と「話し方」のレッスンを始めていきましょう！

たった1日で声まで良くなる話し方の教科書

[目次]

はじめに

序章……声と話し方を変えれば、人生が劇的にうまく回りだす!

第1章……まったく「新しい声」は簡単に手に入る　033

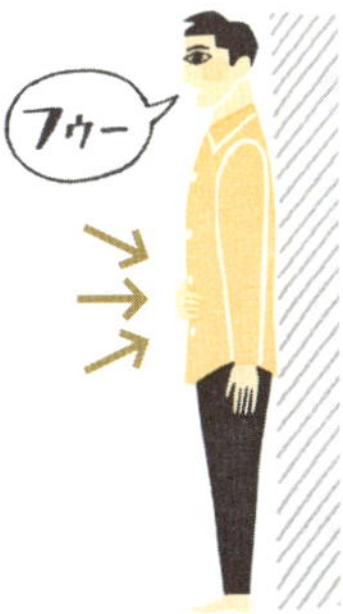

第2章 「声の高さ&スピード」を操れば、面白いように伝わる！ 067

ピョコ
ピョコ
ピョコ

えー
あのー

★ プレゼンテーション・スピーチで役に立つスキル 173

序章
声と話し方を変えれば、人生が劇的にうまく回りだす！

★魚住式メソッドについて

私は2004年に日本テレビを退社し、フリーに転身しました。

以来、テレビ、ラジオ、イベントの司会など、さまざまな仕事をさせていただいてきました。局アナ時代と比べて、仕事の幅が広がったことはとてもよい経験で、自分のスキルアップにもつながったように思います。

しかし、こうして仕事を続けてきた中で、私の中ではある思いが生まれてきました。

それは「自分から何かを生み出して提供していきたい」というものです。

この仕事はどうしても受注を待つというか、仕事をいただいてそれをこなすという受け身の部分が大きいのです。もちろんそれもいいのですが、それだけではなく自分から能動的に動ける仕事をしてみたくなりました。

では、自分のもっている技術で、自信をもって提供できるもの、人様に喜んでもらえるものは何かと考えたら、やはり「声の出し方」と「話し方」だったのです。

「ボイストレーニング教室」「話し方教室」というものは世間に山のようにあります。

そんな中で「私にしかできないもの」は何か、それを考えて編み出したのが「魚住式メソッド」だったのです。

「魚住式メソッド」には、「声」「話し方」「会話のコツ」の3つの柱があります。

❶声

まず「声」。声の出し方、高低を変えることによって、その場に最もふさわしく、効果的な伝え方をすることができます。誰でも「新しい声」「聞き取りやすい声」を手に入れることは可能です。滑舌をよくすることも可能です。声を変えるだけで、あなたの話は段違いに聞きやすくなります。「声を変えるだけで人生が変わる」といっても過言ではないほど、その効果は劇的ですよ！

❷話し方

次に「話し方」。話し方というと、一般的には「どんなことを話すか」を教えると思うのですが、魚住式メソッドではこれを「音の高さ&スピード」「抑揚のつけ方」という観点から教えています。**音の高さ&スピード、そして抑揚を使いこなすことによって、人に訴えかける力は絶大なものになる**からです。

❸ 会話のコツ

最後の3つめの柱が「会話のコツ」。これも「話し方」の一種ですが、こちらはコミュニケーションにフォーカスしたものです。私がプロとして、いままでの経験で培ってきた「上手な会話のコツ」をすべて伝授します。

初対面の相手とうまく話すコツや、ちょっと気まずい状態からの挽回（？）方法、上手な謝り方、気になる相手といい雰囲気になるためのとっておきの会話術など。**すべて私が自分で失敗して会得してきた「生きた会話術」ばかり**です。知っておくかどうかで、会話はまったく違ってくるはずです。

魚住式メソッドの特徴は「話す内容」ではなく「声」や「表現方法」に特化していることです。

そして本書ではこのメソッドを「50のコツ」に分けて紹介していきます。

このメソッドの最大の利点は、トレーニングをすることで誰でも、確実に、話が上手になることです。

たとえば「感情を入れましょう」といっても、何をどうすればいいのかわかりませんよね。またそれを心の持ち方でどうにかしようとしたり、抽象論で教えたりしたのでは、人によってできたりできなかったりという「差」が出てしまいます。

また「こういうときはこういうことを話しましょう」という各論で話をされても、なかなか実際の場で応用がききません。

私のメソッドは話す内容にかかわらず、「人の注目を一気に集める聞かせ方」「みんなが聞くのに疲れてきたときの話し方」など、「表現方法」を「技術」としてお教えするので、いつでもどこでも使うことができるのです。

だから手前味噌ですが、私の講座を受講していただいた方は全員が、本人もびっくりするほど声が変わり、話し方が上達されます。

「話が上手になったことで、ビジネスでもプライベートでも大きな収穫が得られた」というされしい感想をたくさんいただきます。「声や話し方が変わったことで、人生が変わった」といってくださる方もいるほどです。

「結果を出す」のが魚住式メソッドです。

「結果を出す」のが魚住式メソッド!

★声と話し方で、その人の第一印象は決まってしまう！

「口下手で会話に自信がない。人前で話をするのはさらに苦手……」
「自分の声が好きになれない。録音を聞くと嫌になる……」

こうした声や話し方の悩みを、本当に多くの人がもっています。

ビジネスパーソンなら人前で話す機会も何かと多いでしょうし、それが仕事の結果を左右することもあるかと思います。どんなにすばらしい資料をつくっても、会議やプレゼンで上手に伝えられなければムダになってしまいます。

また合コンなど「出会いの場」、プライベートな場でも、声や話し方はその人の「印象」を決定づける、とても大きな要素になります。**初対面で「あの人、なんだかいい感じ」「何かちょっと違うかも……」などと思われるのは、どんな声でどんな話し方をするのか、それによるところが大きいもの**です。

にもかかわらず、最近は「人とうまく話せない」「人付き合いが苦手」という人が増えているように感じます。

私の講座でも、「本当の自分はこうなのに、こういうことがいいたいのに、相手にわかってもらえなかったり、誤解を受けてしまったりする」という悩みをよく聞きます。インターネットの発達なども関係しているのかもしれませんね。

その場に適した声で、伝わる話し方ができるかどうかで、あなたの印象、ひいてはあなたの人生が本当に劇的に変わります。

すると**仲間が増えます**。「この人、いい人なんだな」と好感をもってもらえて、人脈の輪がひとりでに広がっていくのです。

★学校で教えてくれない「話し方・伝え方」

ところが、これほど大事な声の出し方や話し方を、きちんと教えてくれる場所はほとんどありません。

「はじめに」でも述べたように、学校でも教えてくれないし、企業研修などでも行っているところはほとんどありません。

プレゼンテーションについての研修も、「パワーポイントの効果的な使い方」などといったことは教えているけれど、声や話し方そのものはスルーだったりします。

プレゼンの時間が30分だとしたら、いかにその間に聞いている人の心をつかむかが勝負になります。それには冒頭のつかみはどうするとか、時々ユーモアをどう入れて笑わせるかといった「テクニック」が必要になります。**「伝えたい」という思いだけでは、人の心はつかめない**のです。

どんなすごいデータや研究の成果も、ただ漫然と話を並べるだけ、ただ一生懸命に話すだけでは、なかなか最後までしっかり聞いてもらえません。

ディベートの文化が根付いている欧米では、幼稚園、小学校のころから、「みんなの前で説明する」ことを練習します。たとえばランチの時間に「今日もってきたランチボックスについて、みんなにお話ししましょう」という課題を出されたりします。

すると、幼稚園の子どもが「今日の僕のランチはママの焼いたチョコレートマフィンです。これは昨日僕がママにリクエストしたものです」などと見事に説明したりするのです。そうやって幼少時から「上手な伝え方」を身につけるという環境があります。

日本人は「声」や「話し方」について意識が低すぎると思います。

プロ野球やサッカーの解説者は、現役を引退した人が担当するのが日本でもアメリカでも普通ですが、アメリカでは解説者になる前にきちんと「スピーチトレーニング」を受けることが一般的です。

日本ではそういう意識がないから、ほとんどの人がそのまま、素のままで解説しています。

そうすると、**一流のプレイヤーが一流の解説者とは限らないので、聞いていて、「聞きにくい」「わかりづらい」と感じてしまう**ことがままあります。

またアメリカの政治家はスピーチライターをつけているのが普通ですが、スピーチのトレーナーもついています。だから総じて演説は上手です。

日本の政治家は、ほとんどスピーチライターをつけていないのではないでしょうか。なかにはトレーナーがついていると思われる人もいますが、そういう方々はやはり別格にスピーチが上手です。

★話すことはスポーツと同じ！

「はじめに」で述べたように、私が最初に話し方の練習を始めたのは高校に入って放送部に入部したときでした。

そこで基礎的なアナウンスや朗読の練習をひととおり行いました。高校3年のときには、NHK杯全国高校放送コンテストに出場することになりました。

そのコンテストに出場するには、通信教育の課程をこなす必要がありました。朗読の録音を送って、それをNHKのアナウンサーが添削してくれるのです。たとえば「助詞が伸びている」とか「語尾に疑問符がついてしまっている」とか。自分でも気づかなかったことをたくさん指摘してもらい、本当に勉強になりました。私が地方出身だということもあるかもしれませんが、節回しなども不自然なところがいっぱいありました。

そこで必死に練習したこともあり、朗読部門で約5000人の中から全国第3位に選ばれました。のちにアナウンサー試験に合格することができたのも、ここでの経験が大きかったと思います。

このとき痛感したのが、**「トレーニングをしないときちんと話せない」**ということ。

「はじめに」でも述べたことですが、自己流でやっていたのではちっとも上達しません。ちゃんとコーチについて学ぶことが大事です。

その後のアナウンス技術を習得するにあたっては、子どものころから習っていたピアノの経験も大いに役に立ちました。言葉を音符に見立てて、音の流れをつかんだり、緩急をつけたり、音の高さを調整してみたり。これがいまの「魚住メソッド」の基礎にもなっています。

声や話し方は自分でデザインできるのです。

トレーニングを始めてみれば、それはまぎれもない「実感」としておわかりいただけると思います。

次章からトレーニングを始めていきますが、本書の特徴は基本的にどこから読んでどこから始めていただいてもOKなこと。興味のあるところから行っていただいていいのです。

ひとつのトレーニングを完了するごとに、確実に声が変わり、話し方が上達していくのを実感していただけると思います。

それではスタートしましょう！

▼
コーチについて練習すれば、話し方は劇的に上達する

第1章

まったく「新しい声」は簡単に手に入る

★「声」は洋服と同じ――「声」は誰でも磨くことができる

魚住メソッドでは「声」「話し方」「会話のコツ」の3つの柱があると述べました。

この章ではまず「声の整え方」についてお話しします。

意外に思う人も多いかもしれませんが、**「声を整える」ことは上手な話し方の基本中の基本**です。声を整えることで、言葉はグンと伝わりやすくなります。**同じ言葉でも声が違うだけで、聞き取りづらかったり、逆に聞き取りやすくなったりします**。どんなにすばらしいコンテンツでも、肝心の「声」がイマイチだったら相手に伝わりません。

私は**「声」というのは洋服と同じ**だと思っています。人前に出たとき、「普段の声」で話すのは、ノーメイクのパジャマ姿で外出するのと同じこと。

仕事の場合はスーツにネクタイ着用で出かけますが、散歩やショッピングのときはカジュアルなジーンズやシャツ姿に着替えるなど、誰もが服装を替えますよね。

声もそれと同じです。服と同じように、その場にふさわしい声というのがあると思うのです。シチュエーションによって、まわりからどう見られたいか、どういう自分を演出したいかによって、声を使い分けていくべきだと思うのです。

コツ01 ▼「声＝洋服」と考え、場面ごとに使い分けるようにする

★話すことは音楽を奏でること

私は長くピアノをやっていましたが、**話すことは音楽を奏でることと同じ**だと思います。

楽器を演奏するとき、いきなり楽曲を弾きはじめるのではなく、まず「美しい音色」を出す練習から始めますよね。

楽器にたとえるなら、**声は「音色」で、話し方は「演奏」**。

どちらか一方が欠けていても人の心を打つ音楽にはなりません。両方が融合してこそ、その音楽は我々に感動を与えてくれます。だから、まずは「声」こそが大切です。

ピアノにチェロ、バイオリン……。演奏家は、それぞれの楽器から美しい音色を発します。その音は、磨き抜かれたテクニックや考え抜かれた解釈によって曲として演奏され、聞き手に伝えられていく。

「音色と演奏」の関係性が、「声と話し方」にも通じていると考えているのです。

★シチュエーションによって「声」を変えていく

うっとりするような声色で心に響く歌を届けてくれる歌手が、インタビューなどで話をするときにはまったく違うしゃがれ声。落ち着いた声でニュースを読み上げるアナウンサーが、バラエティ番組などでトークをしているときは、意外と高い声でキャピキャピしたしゃべり方だった――。

こうした声のギャップに、驚いたことはありませんか？

じつはこれ、ごく自然なことなのです。

私だってナレーションの声と普段話す声はかなり違います。

普段、胸式呼吸で話しているときには昔のままの声。ザラザラしてなんだか苦しそう

▼
声は「音色」、話し方は「演奏」。
まず何より「声」が大切！

に聞こえることもあり、自分でもあまり好きな声とはいえません。

けれど、腹式呼吸を基本に話し方を工夫することで、なんとか心地よい声を出せるようになりました。

誰でもシチュエーションや感情によって自然と声を変えているのです。そこに自分の意識をフォーカスして、積極的にその場にふさわしい発声を心がければいいのです。

★「いい声」を出すために必要な3つのこと

では、どうすれば「いい声」が出せるのでしょうか。

ポイントを整理すると、次の３つになります。

❶ **肺にたっぷりと空気を入れる**（＝たっぷりと吐き出す）
❷ （口をきちんと開けるなどで）**きちんと共鳴させる**
❸ （舌や顔の筋肉を巧みに動かすことで）**滑舌よく言葉を発する**

いい声を出すためには**たっぷりの量の空気を吸い込むこと（❶）**が必要。浅い呼吸ではいい声は出せません。

吸い込んだ空気を外へと吐き出すとき、**吐く息で声帯を震わせ、口腔内で共鳴させ声を生み出すこと（❷）**で私たちは音声を発しています。この「共鳴」がしっかりできていることが大事です。

さらに、唇や舌、歯の位置で音声を言葉に仕立て**滑舌よく発すること（❸）**も重要です。

自分の声に自信がもてないとか、声が聞き取りにくいと悩む人は多いのですが、3つのうちどれかが不足していないか考えてみてください。その不足を補うことによって、魅力的な声に近づけることができるはずです。

では早速、「新しい声を手に入れる」レッスンを開始していきましょう。段階を踏んでいくうちに、びっくりするほど変わっていきますよ！

コツ 02 ▼ 3つのやり方で、「いい声」は簡単に出せる

（ステップ1）▼腹式呼吸

★なぜ腹式呼吸が必要なのか

「腹式呼吸」は、いい声を出すために欠かせない要素です。

「肺にたっぷりと空気を入れる（＝たっぷりと吐き出す）」ことができないと、いい声は出せません。そのためには「腹式呼吸」が必要。「腹式呼吸」でこそ、十分な量の空気を取り入れることができるのです。

腹式呼吸では、肺を縦（下）方向に広げることによって（胸式や肩式よりも）大量の空気を取り込むことができます。肺のすぐ下にある横隔膜を押し下げるので、肺のスペースを大きく確保することが容易に可能なのです。

「腹式呼吸なんて声優や舞台俳優、アナウンサーなど限られたプロフェッショナルが行うもの……」というイメージがあるかもしれませんが、そんなことはありません。誰もが腹式呼吸を取り入れて、自分の声をつくることが可能なのです。

腹式呼吸で話すと、声がとてもエネルギッシュになります。それが聞き心地のよさにつながり、相手に安心感のようなものを与えてくれるのです。

ところが、**多くの人は「胸式呼吸」で話をしています**。

この呼吸法では空気をたっぷり吸い込むことができません。胸式呼吸では肺を横に広げてすきまをつくり、空気を取り込みます。しかし、肺は肋骨に囲まれていて横方向には広がりにくいので、量を取り込めないのです。

声が放つエネルギーは吐き出す空気の量や勢いにも関係するので、吐き出す空気量の少ない胸式では、伸びやかな声というのを期待することはできないのです。

「心に響く声」を生み出すために、腹式呼吸によって十分に肺に蓄えられた空気――声が放つエネルギーを活用しましょう。腹式呼吸が身についてしまえば、発声がさらにラクにできるようになるはずです。

★腹式呼吸は難しくない！

「腹式呼吸は難しい」という人もいます。たしかに慣れるまでは多少の意識が必要で

Rie's Training

► 腹式呼吸トレーニング

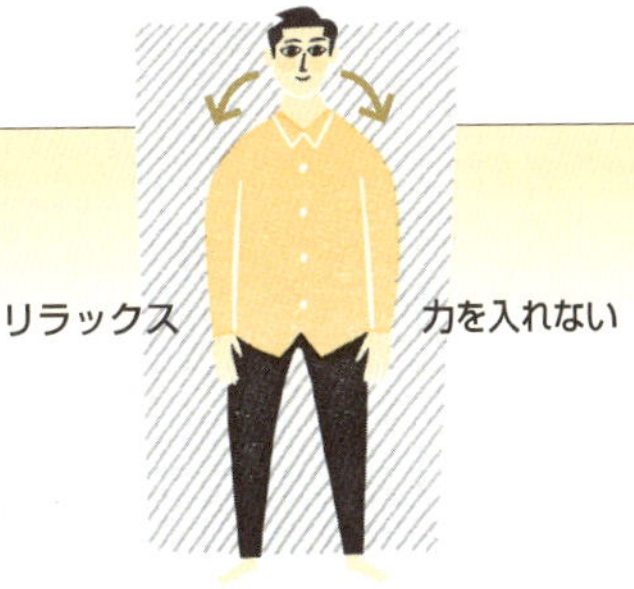

❶

背中を壁につけて、肩幅程度に足を開いて立ちます。このとき、首と肩の力は抜いて、上半身をリラックスさせておくこと。片手をお腹に添えて、腹筋に意識を集中させます。

❷

息を吐くことから始めます。口から「フゥー」と息を吐きながら、お腹をゆっくりと凹ませていきます。息を吐き切って、腹筋をギリギリまで縮めます。

❸

鼻から息を一気に吸い込みます。このとき、お腹をゆるめるのと同時に腹筋を使って、わざとお腹を膨らませます。肩に力が入らないように注意してください。

❹

❷〜❸を繰り返します。慣れてきたら❸→❷の順序で、「吸う」ところから始めてみましょう。

注意！

肩や胸は絶対に動かさないこと。お腹のみを動かします。とくに男性の場合、息を思いきり吸い込んで肩や胸の筋肉を動かしてしまう傾向があるので気をつけてください。

すが、習慣化してしまえば、これほど発声に適した呼吸はありません。

じつは仰向けに寝たり、眠ったりしているときには、誰もが無意識に腹式呼吸をしているのですから、決して特別な呼吸ではありません。誰もが必ずできるはずです。

ちなみに呼吸法には、もうひとつ**「肩呼吸」**というものがあります。

これは、全速力で走った直後などの、肺を上方に拡張させて行う呼吸。素早く空気を取り込めますが、前述のとおり、一度に大量の空気を吸い込むことは難しい。「緊急時の呼吸」という認識でいいでしょう。

★どうしても腹式呼吸ができない場合の「秘策」

「腹式呼吸が大切」と書きながら、私も高校時代、放送部に入りたてのころはまったく腹式呼吸ができませんでした。

放送部のウォーミングアップは、もちろん腹式呼吸による発声練習から始まります。

「息を吸って！」というリーダーの声に促されて、先輩たちはお腹をプーッと膨らませて「あーーーーーーっ」といったまま30秒ほど発声を続けます。彼女たちのお腹は発声を続けながら次第に引っ込み、「息を吸って！」の声とともに、ふたたびポコッと膨らむ。その繰り返し。「お腹で呼吸？　お腹を動かすの？」と本当に戸惑いました。腹式呼吸なんて考えてみたこともなかった私の「あーーっ」は最初、5秒ほどしか続けられませんでした。

ちなみにこの腹式呼吸での発声、私が続けられるのはいまでも20秒前後です。30秒続けられないとアウト！　というわけでは決してありませんので、ご安心ください。


どうにも腹式呼吸ができなかった理由は、腹筋がなかったこともありますが、「腹筋自体」を意識することができなかったからです。

そこで仰向けに寝っ転がっての腹式呼吸に取り組むことにしました。この方法はお腹をうまく動かせない方にまずおすすめです。

寝っ転がることで背中が固定され、お腹に意識をもっていきやすいのです。

▼寝っ転がり腹式呼吸トレーニング

まず、仰向けに寝てください。自然に呼吸してみましょう。お腹が上下しているのが感じられることでしょう。じつは私たちの呼吸、寝た状態ではたいていが腹式呼吸になっているのです。この感覚をまずは覚えておいてください。

本来は、横隔膜を動かした結果としてお腹が膨らんだり凹んだりするわけですが、「横隔膜を上手に動かせない」「どうしてもイメージしにくい」と感じる方も少なくないでしょう。

そんな場合は、まずはお腹への意識を先行させてみてくださ い。

口で息を吐きながらお腹を凹ませて、鼻から息を吸いながらお腹を膨らませてみましょう。お腹が凹んだり膨らんだりしていれば、横隔膜も上下し、腹式呼吸になっているのです。

仰向けに寝ていると、背面が床に固定されますね。そのため、

口から吐いて、お腹を凹ませる

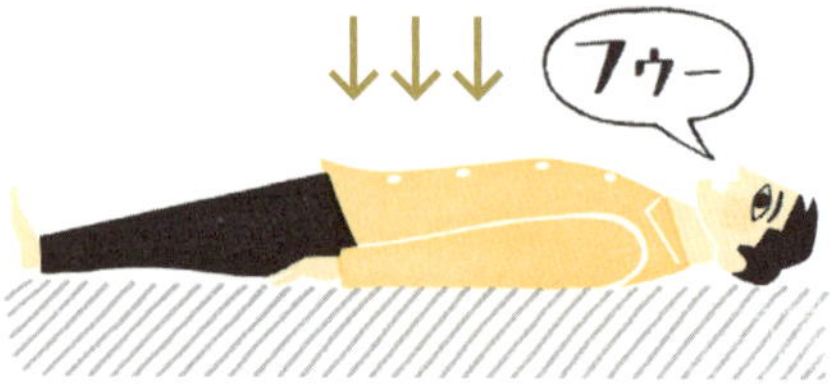

体幹部の前面だけが呼吸によって膨らんだり凹んだりする。動かすべきところだけが動くので、自分でも意識しやすいはずです。

　また、お腹に重たい本（写真集、ノートPC、かばんなど重ければ何でも。私は高校時代はレンガを活用していました）を載せて行ってみると、動きをより意識しやすいと思います。

　重めの本をお腹に載せて、お腹を上下させながら呼吸する。これは、いまも私が寝る前に数分間だけ行っている習慣です。朝、目覚めたときにベッドの中で、というのもおすすめです。生活のどこかに組み込んでしまえば習慣化しやすいのではないでしょうか。

鼻から吸って、お腹を膨らませる

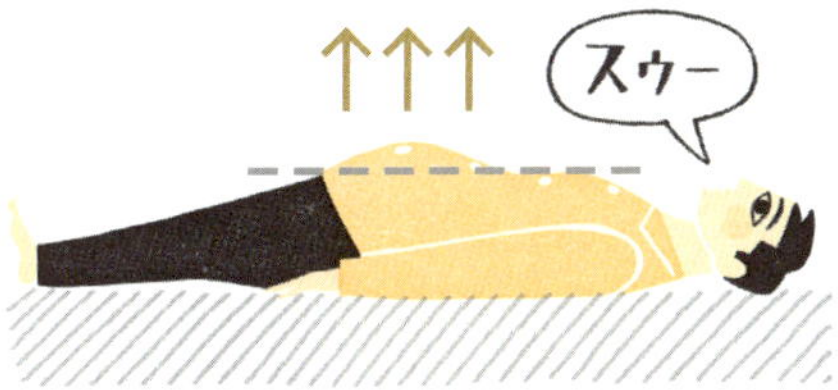

仰向けに寝た状態での腹式呼吸が把握できたなら、次は立った状態で腹式呼吸が行えるように練習しましょう。立って行う場合も、まずは背面を壁などに沿わせて固定してみると、体の動きがわかりやすいと思います。

腹式呼吸を体に覚え込ませるためには、練習回数は多いに越したことはありません。

ただ、あまり硬く考えすぎて負担になるのもよくありません。10回から始めて少しずつ回数を増やす、毎朝5分間だけ……など、**自分が続けやすいスタイルを選ぶのが長続きの秘訣**です。

コツ03 ▼ 腹式呼吸のトレーニングは、まずは寝っ転がった状態から始めると簡単

★ 腹式呼吸で話すと「のど」がかれない！「緊張」も解ける！

「話していると、のどがガラガラになってしまい、長くしゃべることができない……」

このような悩みもよく聞きます。これは腹式呼吸ではなく、胸式呼吸で話しているから。

胸式呼吸だと、すぐにのどが乾き、声もドライになってしまうのです。

いがらっぽいガラガラとした声は、決して聞き心地のいい声とはいえませんよね。それで頻繁に咳払いなどをされると、話の内容よりもそちらが気になってしまうこともあります。

私も先日、舞台上で緊張からのどが乾き、あやうく声がかれそうになりました。「あっ、いけない」と思い、お腹にグッと力を入れてしっかり腹式呼吸を意識しました。そのおかげで声を保つことができました。

もうひとつ、「人前で話すと緊張してしまう……」という悩みをもつ人も多いものです。しかしこの緊張も、なんと「腹式呼吸」でほぐすことができるのです！

壇上やステージに立つときだけではありません。初対面の相手を前にするとあがってしまう、年上の人と話すときにドギマギしてどうしていいやら……といった場合にも効果的なのです。

これはもともと、自分の経験を通して知ったことです。

りえの㊙エピソード

私自身もじつはとてもアガリ症でした。いまでもそうですが、本番前は極度に緊張してしまいます。ところがいったん本番が始まり、腹式呼吸で話しはじめると緊張が解

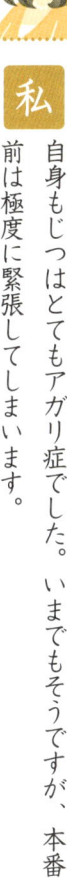

けていき、その後は話せば話すほどリラックスしていくのです。司会などでステージや壇上に立つときも同じです。お腹に力を入れて話す術を身につけるほどに、大勢を前にしたスピーチでも緊張せず、平常心を保つことができるようになりました。

最初は「なぜかな」と不思議に思っていたのですが、しばらくして「腹式呼吸のせいでは」と思うようになりました。

少し調べてみて、これは科学的にも説明できることなのだとわかりました。腹式呼吸は自律神経と関係していたのです。

自律神経には交感神経と副交感神経があり、緊張すると交感神経が優位になり、リラックスすると副交感神経が優位になります。しかしこの自律神経は自分の意思ではコントロールできません。要は「緊張するな！　リラックスしよう」といくら自分に言い聞かせてみてもダメなのです。

そんなときには「副交感神経」を優位にする工夫をすればよく、そのために有効なツールが腹式呼吸なのです。

なんといっても何も考えず、腹式呼吸をすればいいだけですから、本当に絶大な効果があります。

もうひとつ、おまけでお伝えしたいのが、**腹式呼吸をしていると外見的にも「落ち着いた雰囲気に見える」**ということ。

体幹が安定することで上体が不自然に揺らぐことが少なくなります。上半身の力みが生じにくいため（たとえ内心では焦っていたとしても）、目の前にいる人たちには緊張や動揺が伝わりにくくなります。そのうちに内心の焦りなども消えて、名実ともに落ち着いて振る舞えるのです。

腹式呼吸は、さまざまな形であなたのパフォーマンスを向上させてくれる手段なのです。

★ 意識しなくても腹式呼吸をしてしまう2種類のトレーニング

話しはじめたときは腹式呼吸を意識していても、話をしているうちに忘れてしまう——。

そんな経験はありませんか？

腹式呼吸というのは「慣れ」以外の何物でもありません。体に覚え込ませればいいのです。

そのためのアドバンスト・トレーニングを2つ紹介します。

たとえ腹式呼吸のことを忘れていても必ず腹式呼吸をしてしまう、マジカルなトレーニングです。

Rie's Training

▼腹式呼吸アドバンスト・トレーニング

❶長音トレーニング

肩幅程度に足を広げ、お腹に軽く手を当てて立ちます。腹式呼吸で膨らませたお腹を少しずつ凹ませながら、「アーーー」とできるだけ大きく声を出し、できるだけ長く伸ばします。

男性ならば最初は20秒程度、女性ならば10秒程度が目安。慣れるにつれて、徐々に延ばしていきます。これを3〜4回繰り返します。

❷中短音トレーニング

長音トレーニングの要領でお腹に手を当てて、今度は少し短めに「アー、エー、イー、ウー、エー、オー、アー、オー」と声を出します。このとき、腹筋をきちんと使って、一音ごとにお腹をリズムよくバウンドさせるように息を吐き、発声します。ア行からワ行まで、この要領で行います。

新しい声を手に入れる最速レッスン（ステップ❷）▼共鳴

★「共鳴」させることでグンと聞きやすくなる！

腹式呼吸で「いい声」が出せるようになったら、次は**「共鳴」**です。**共鳴させることで、声はグンと聞きやすくなり、伝わり方が全然違ってきます。**

では、共鳴とは何でしょうか？

発声に欠かせない器官が声帯です。私たちは肺に送り込んだ空気を、吐く息として体外に出すときに、声帯を通過させます。このとき声帯が震えて空気を振動させると、声の源（原音といいます）が生まれます。

その空気の振動（原音）を口腔（口からのどまでの空間）や鼻腔（鼻孔から咽頭までの空間）、頭蓋骨内の腔で増幅させることが、すなわち「共鳴」です。

私たちが話すとき、話の内容によって自然と高い音を出したり低い音を出したりしています。その高低は、「声帯を通った空気を体のどこで共鳴させているか」によって違ってくるのです。

つまりこの「共鳴」によって、聞き取りやすい声の高さを探すことができるわけです。また、共鳴によって声を使い分けることで、さまざまなシーンに役立ちます。

早速、レッスンしていきましょう（共鳴のトレーニングは、鴻上尚史さんの『発声と身体のレッスン 増補新版――魅力的な「こえ」と「からだ」を作るために』［白水社］を参考にしています）。

Rie's Training

▼共鳴トレーニング

❶あなたの「一番聞き取りやすい声」の見つけ方

まずは人差し指と中指を揃えて、鼻先に軽く触れてみてください（イラスト参照）。

そして、口を閉じたままで「ム〜〜〜」とハミングしてみてください。さまざまな高さの音で試していると、鼻先に置いた指が細かく振動する音がわかるはずです。

この振動が「共鳴」です。高低でいえば、中くらい。もしかしたら「普段よりも少し高い？」と思われる高さで振動を感じるかもしれませんが、これこそがあなたにピッタリの、人が聞き取りやすい高さの音なのです。

この高さは明るく、ハリが感じられ、会議や打ち合わせなど仕事のシーンで最適な音。ぜひ意識してみてください。

❷あなたの「一番いい低い声」の見つけ方

（少人数で大切な話、秘密の話をするときに最適！）

今度は、のどに指を添え、❶と同様にハミングし、共鳴する音を探してみてください。ちょっとわかりづらいかもしれませんが、先ほどの「聞き取りやすい音」よりかなり低いところで共鳴するはずです。

この声は比較的小さく、テンションも低い印象です。少人数で、あるいはたったひとりの相手に対して大切な話、秘密の話をするのに適しています。落ち着いた印象を与えてもくれます。

❸あなたの「一番いい高い声」の見つけ方

（100人以上など大人数の前で話すときに最適！）

最後に、てのひらを頭やおでこに添えて、そこが振動するように声を出してみてください。

ただし、ここは振動を感じづらいかもしれません。がんばって裏声ではなく、地声で最も高い声を出してみてください。そうす

ると声量は大きく、テンションも高くなります。
この高さの声は、100人以上の観衆の前で注目を寄せたいときなどに使えます。エネルギッシュな印象で、聞く側の精神を昂らせるなどの威力を発揮します。スポーツの応援をするときなどにも重宝します。

共鳴を探るときは、必ず口を閉じた状態でハミング（ム〜〜〜）で行います。「鼻」と「のど」での共鳴を使い分けることができるように練習してみましょう。マスターできれば、さまざまなシチュエーションで活用できます。

コツ04 ▼ 鼻先に指を当てて、あなたの「一番聞き取りやすい声」を見つける

コツ05 ▼ のどに指を添えて、あなたの「一番いい低い声」を見つける

コツ06 ▼ てのひらを頭に添えて、あなたの「一番いい高い声」を見つける

ステップ3▼滑舌

★滑舌をよくするには？

「滑舌が悪い」というのも、とても多く聞く悩みです。実際、声量はたっぷり、共鳴もきちんとできているのに、滑舌がはっきりしないがために損をしている人は少なくありません。

しかし、**口のまわりの筋肉をほぐして動きやすくしたり適切に使ったりすることで、滑舌は見違えるように改善されます**。

口のまわりの筋肉なんて普段はあまり気にしないかもしれませんが、発声のためには、私たちは意識せずともさまざまな顔の筋肉を使っているのです。

そうであれば筋肉のケアも必要となります。走ったり泳いだりする前にストレッチやウォーミングアップをして手や足、体幹の筋肉をほぐしたり目覚めさせるのと同じです。

話す前に口のまわりの筋肉をほぐして動かしやすくすることで口まわりの動きがよく

なり、滑舌が改善できるのです。では、トレーニングしていきましょう。

Rie's Training

▼滑舌トレーニング

❶舌のストレッチ

最初に、舌の動きを円滑にするためのストレッチを行います。

[1]
口は閉じたまま、舌でぐるりとひとまわり、歯ぐきを舐める。逆回りも同様に。それぞれ3周

[2]
舌を横に出して、左右に動かす。往復10回

[3]
舌を思いきり出して、上下に動かす。往復10回

❷唇まわりを柔軟にする

アナウンスやナレーションの直前にも行うウォーミングアップです。

［1］しっかりと口を動かして、発音する。少しずつ、速く、長くいえるように。

パパパパパパパパパパ……

ママママママママママ……

タタタタタタタタタタ……

カカカカカカカカカカ……

ララララララララララ……

［2］唇を軽く閉じて、小刻みに振動させる。

プルプルプルプルプルプルプル……

※本番前に行うときは、唇が乾燥しないように気をつけること

［3］巻き舌。

［4］ほおの筋肉を上下させながらマッサージする。

［5］冬場の乾燥する時季はリップクリームを塗り、できたらお肌に乳液を！　話しやすくなりますよ。

唇をプルプルと
ふるわせましょう

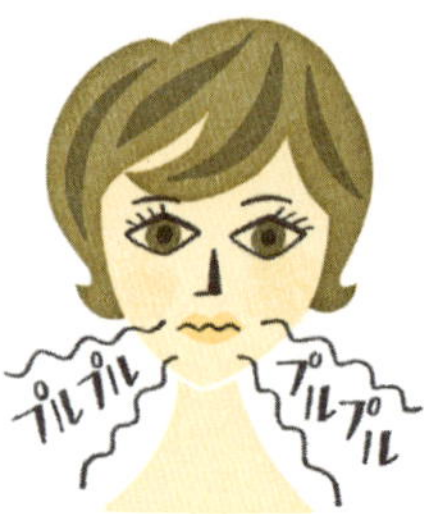

本番前に顔の筋肉を
マッサージするのも有効です

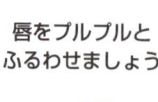

❸ 基本の口の形

基本となる母音をクリアに発するための口の形は、イラストのとおりです。徹底的に体に覚え込ませてしまいましょう。

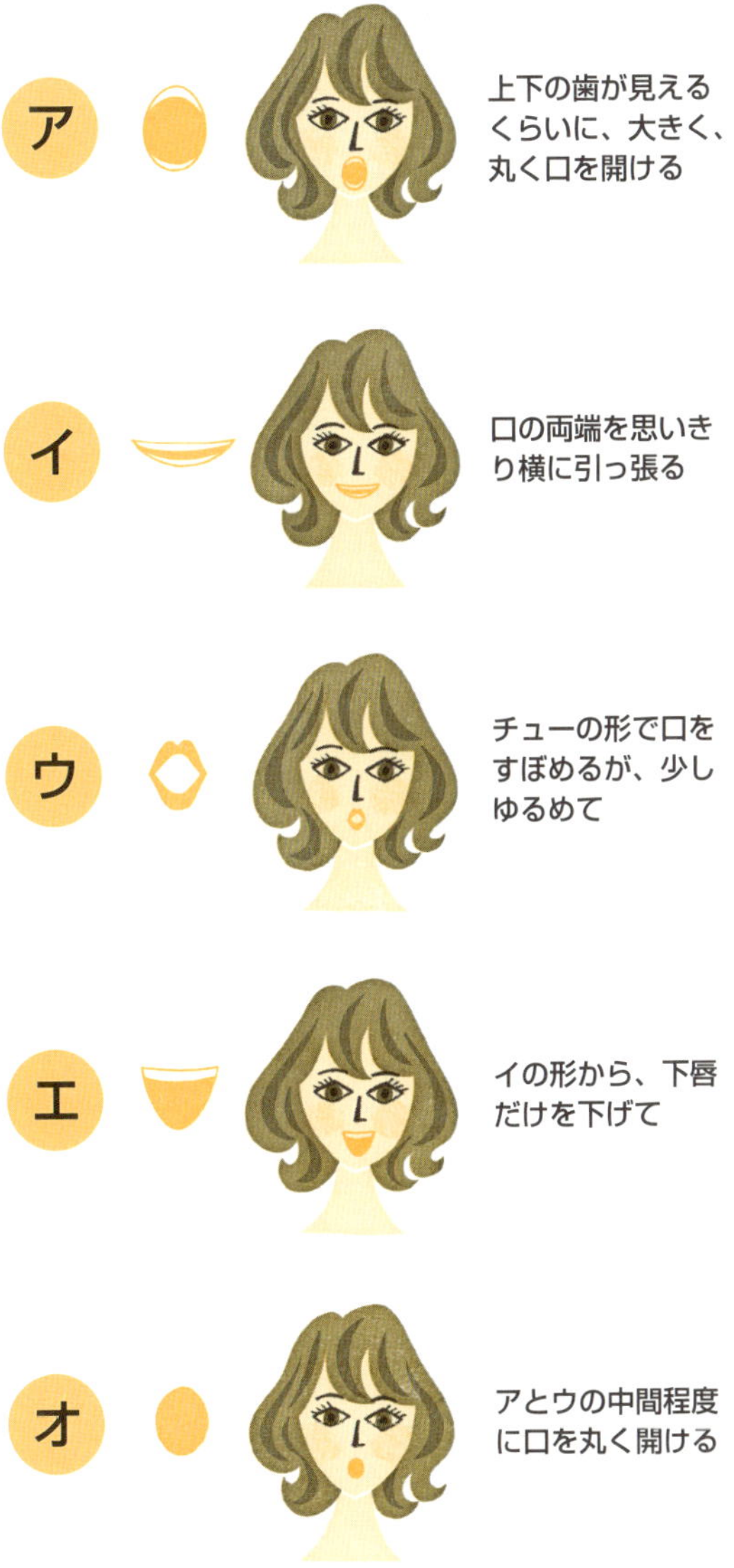

上下の歯が見えるくらいに、大きく、丸く口を開ける

口の両端を思いきり横に引っ張る
チューの形で口をすぼめるが、少しゆるめて
イの形から、下唇だけを下げて

アとウの中間程度に口を丸く開ける

鏡を前にして、「やりすぎ?」と思うほど極端に口を動かします。顔の筋肉が鍛えられることで、普段の会話における口の動かし方は格段にラクになります。

❹変顔エクササイズ

顔の筋肉を動かすことで滑舌をよくするための簡単なエクササイズです。声を出さなくてもできるので、発声練習に比べれば場所を選ばないかもしれません。

1日のスケジュールに組み込んで、リフレッシュも兼ねての毎日の習慣にしてみてください。

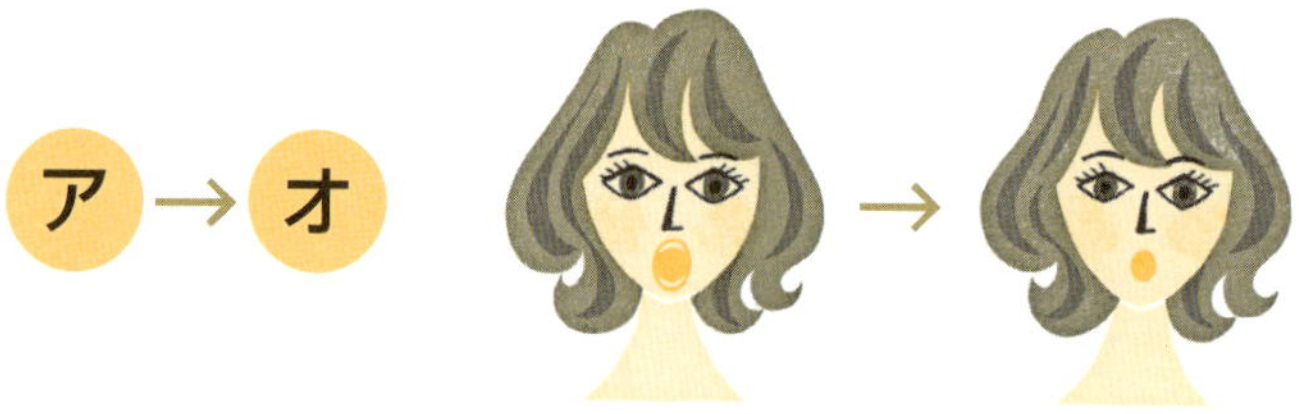

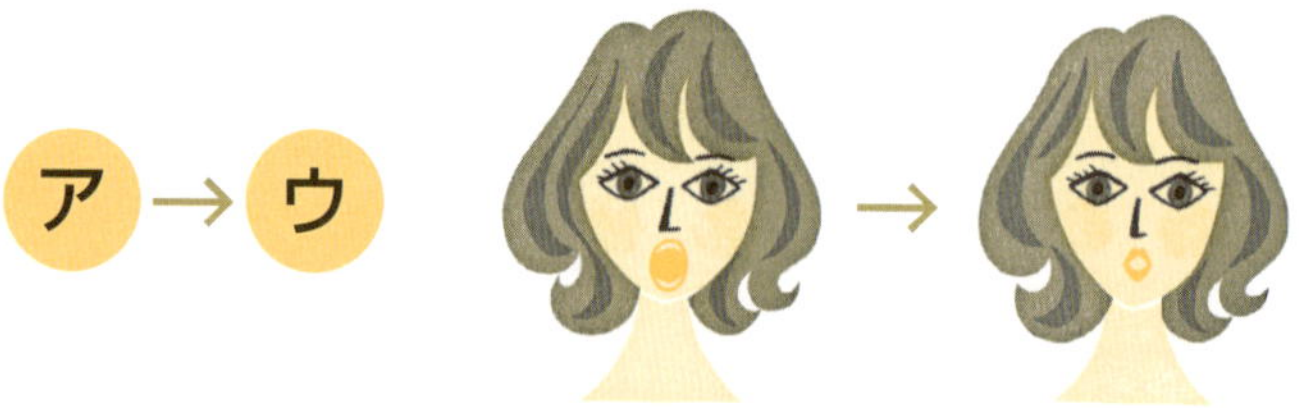

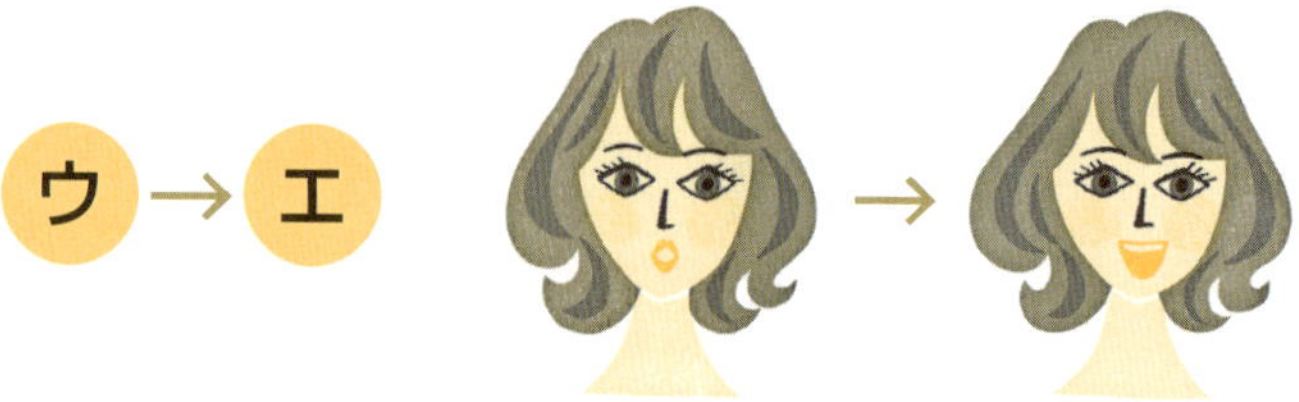

【1】目を見開いて、口の形をきちんと顔に覚え込ませましょう。

ア→オ
ア→ウ
ウ→エ

【2】目元をゆるめて、笑顔で。けれど口の動きははっきりと。

イ→ウ
イ→エ
ア→エ

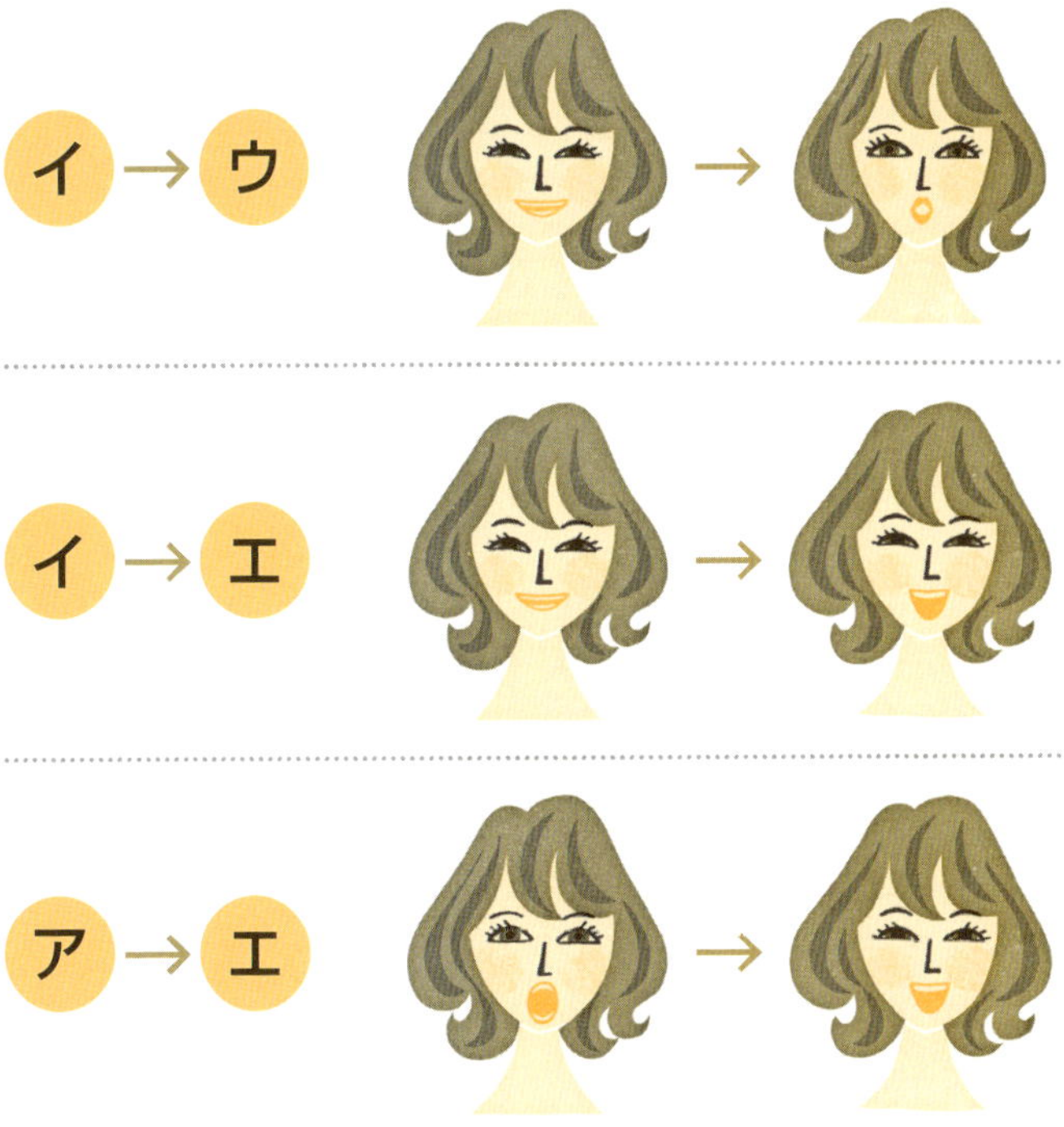

滑舌トレーニングを❶〜❹まで紹介しましたが、回数と頻度はみなさんの無理のない範囲で決めてください。❶〜❹をすべて毎日行うのが理想的ですが、❶〜❸だけでも結構です。

また毎日でなくても構いません。**大事なことは少しずつでも続けること**。最初の3日だけ一生懸命やってそれっきり……というパターンは避けたいですよね。

ゆるく、無理せず、続けてみてください。

コツ 07 ▼ 滑舌が悪い人は、口のまわりの「筋トレ」をすれば、劇的によくなる

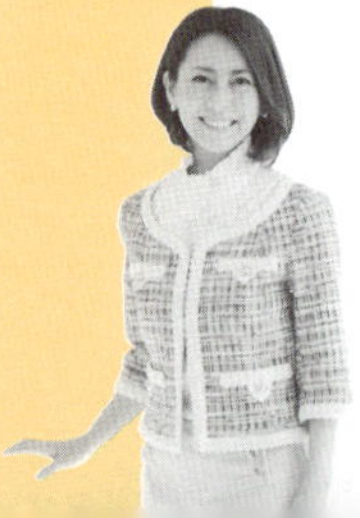

★ 滑舌と腹式呼吸がいっぺんにトレーニングできる方法

腹式呼吸と滑舌のトレーニングを紹介しましたが、ここではこの2つをいっぺんに鍛

えることのできる、とっておきの方法をお教えします。

それは**「カウント腹筋」**。

いつでもどこでも実践できるトレーニングです。

大きな声でカウントを繰り返すことで、滑舌と腹式呼吸が自然に一体化した形でトレーニングできるのです。

このトレーニングのいいところはテクニック不要なところ。誰にでもできます。それでいて効果は抜群。

そして**このトレーニングはシェイプアップ効果もある**んです。

実際にやってみるとわかると思いますが、3セットめの後半にもなるとかなりハードです。

私のレッスンでも最初にこれを行いますが、これだけでうっすら汗ばみ、腹筋が痛くなるほどです。実際、生徒さんからは「ウエストが細くなった！」「下腹が凹んだ！」という声が続出しています。

最近、「ドローイン」という呼吸法が流行っているようです。やり方は諸説あるようですが、お腹を引っ込めたまま数秒間キープするのを繰り返すという方法が一般的だそうです。

あの片岡鶴太郎さんもこのドローインを寝る前に行っているそうです。冷え性だったのが緩和され、体重は2キロ減ったと、『あさイチ』（NHK）でおっしゃっていました。それを考えると、このトレーニングにシェイプアップ効果があるのもなるほどとうなずけます。

腹式呼吸をすることで結果的に代謝が上がり、やせやすくなるのだと思います。うれしいオマケですね！

Rie's Training

▼滑舌アドバンスト・トレーニング【カウント腹筋】

座る、立つなど体勢はお好みで。お腹に手を当てて、「イチッ、ニッ、サンッ、シッ、ゴッ……ジュウッ」と1から10まで大きな声でカウント。その際、カウントと同時に思いきりお腹を引っ込めて空気を一気に押し出し、即座にゆるめます。この動きを瞬発的に行い

お腹を引っ込めて、

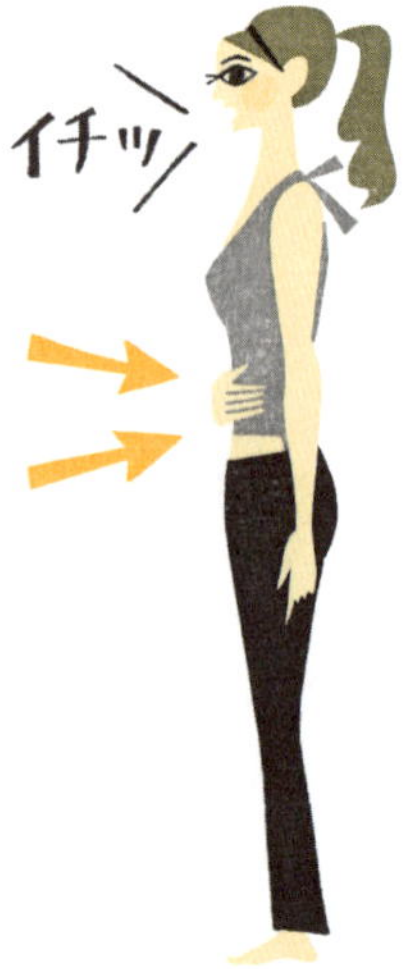

ます。

1～10までのカウントを合計3セット、休みを入れずに連続で。お腹を確実にバウンドさせながらカウントします。

即座にゆるめる

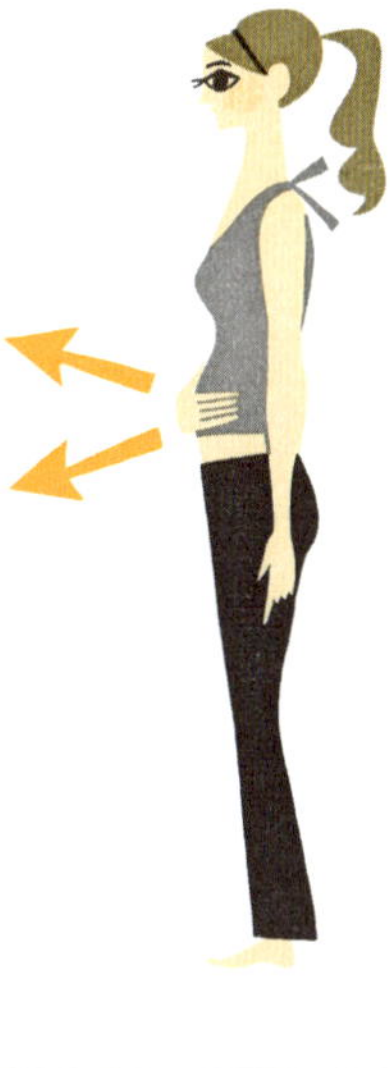

りえの耳寄りコラム ▼ 声が整うと、小顔になれる!?

声を整えるためのトレーニングを続けていると、必ず顔の筋肉の血行がよくなり、さらには口のまわりが引き締まってくるはずです。

私のレッスンでももちろん実践してもらっているエクササイズですが、生徒さんが男女問わず「小顔になったかも」とうれしそうに報告してくださるんです。

新人アナウンサーの顔の変化にも注目してみてください。

入社したてのアナウンサーは顔つきがまだぼんやりとしていますが、経験を積むほどに、やがて頬の輪郭がスッキリとしてくるのです。見られている意識が緊張感をもたらすことも理由のひとつですが、それ以上に日常での発声練習、滑舌トレーニングなどが効いているのだと思います。

私自身、長期休暇などで発声練習やウォーミングアップを休んでいたあとは、なんとなく顔の輪郭が少しゆるみ、むくんでいるのに気づきます。それが、日常生活に戻り、顔の筋肉を使うことで、自然と引き締まってスッキリしたフェイスラインに戻るのです！

第2章

「声の高さ&スピード」を操れば、面白いように伝わる!

★あなたの理想の話し方は？

魚住式メソッド「声」「話し方」「会話のコツ」のうち、第1章では「声」についてお話ししました。本章では「声の高さ&話すスピード」と、「声」と「話し方」の両方に注目していきます。

まず、自分にとっての「理想の話し方」とは何か、「目標設定」をしましょう。

「低めのよく通る声で落ち着いて話したい」

「明るい声でハキハキとクールに」

などなど、誰にも「こんな話し方をしたい」という理想があるはずです。それを具体的に煮詰めていくのです。

その理想は誰の声に近いか、誰の話し方に近いか、考えてみてください。身近な人でも著名人でもいいので、とりあえずその人をロールモデルにしましょう。

「この声や話し方が好き。こうなりたい！」と願う気持ちがモチベーションのアップには欠かせません。

そしてこの話し方のトレーニングとして、魚住式メソッドではまず「音の高さ&スピード」をコントロールすることで基本的なスキルを身につけ、次章で紹介する「朗読」でそれをバージョンアップさせます。

このステップを終えると、「人を感動させる話し方」が自然にできているはずです。

コツ08 ▼ まず「理想の話し方」は何か、モデルを見つけて「目標設定」をする

★「話す」ことは相手にエネルギーを与えること

たとえば1時間、人の話を聞く機会があるとします。

話によっては1時間が長くて持て余し気味になってしまうこともあれば、思わず引き込まれて1時間があっという間に感じることもあります。

同じ1時間でも聞かせる話術とそうでない話術がある。それこそが「話し方のスキル」

の差です。

話すことは「口からエネルギーを放出して、人に届けること」だと、私は思っています。

エネルギーは、常に最大出力で出せばいいというものではなく、聴衆の状態や時間、話の内容などによって「調整」していく必要があります。その調整が上手にできる人が、「聞かせる話」のできる人ともいえます。

たとえば大勢の前で話すとき、とくに最初は高いトーンでテンション高く話すと、みんながワッと興味をもって聞いてくれます。

そして「スピード」が速ければ速いほどエネルギーが高く、聞く相手のテンションを高くし、時には緊張させます。

でも、それがずっと続くと、みんな食傷気味になるというか、圧倒されすぎて、だんだんイライラしてきてしまいます。

それを感じたらテンション、トーンを少し下げます。

それもしばらくすると、ちょっとダレてきてしまい、なかには眠そうな人も出てきます。そうしたら今度はまたトーン、テンションを上げるのです。ダレて眠そうにしていた人もハッと集中してくれます。そうやって聞く人をコントロールすることで「聞かせる」スピーチになるのです。

★人前で話すときは「高い声」で注目を集める

高い音、高いテンションは活気にあふれ、緊張感が高まるので、人の注意を集める効果があります。その一方で、**低い音、低いテンションは安心感、ゆったり感を与えます**。

高いテンションばかりだと相手はイライラして疲れてしまいますし、低いテンションだけだとダレて話を聞いてもらえなかったりします。要はこの使い分けが大事なのです。スピーチやプレゼンでは人の注目を集める必要があるので、基本的には高いエネルギーでいいのですが、聴衆の様子を見て低いエネルギーに切り替えることも大事です。

私も仕事のときは、高さとスピードを使い分けて話します。

先日、あるパーティで200人ぐらいの方の前でスピーチをする機会がありました。でもそれはまさに宴たけなわという感じで、みなさんお酒や食べ物を召し上がって歓談している最中だったんです。

この中で普通に低い声で話しはじめても、誰も聞いてくれないと思いました。そこで音をグッと上げて、ハイテンションの高い声で自己紹介を始めたんです。

作戦は成功で、みなさんの注目を一気に集めることができました。そこで少し低く、落ち着いた声で自分の近況や、スピーチレッスンの話などをしました。最後はまた高い声で締めました。

みなさんに盛大に拍手をしていただいて、スピーチが終わったあと、なんと参加者200人全員が名刺をくださいました。「お話がとてもよかったです」「スピーチレッスンは私も受けられますか？」などなど、みなさんが私の話に興味を持っていろいろ話しかけてくださったんです。

コツ09 ▼大勢の前では「高い声」で話すと、注目を集めやすい

一般的には、スピーチの場合は高く始めて、中は低くゆっくりめに話し、最後にまた高く、ハイテンションで締めるとうまく行くことが多いですね。

★電話のときは「低い声」で相手の緊張を和らげる

一方で、エネルギーを抑えることが必要な状況もあります。

たとえば**一対一の電話では、声が高すぎると、エネルギー量が多すぎて相手が疲れてしまいます**。

とくに、**電話の場合は意識して声を下げてエネルギー量を減らすことが大切**です。

ところが声が低いと、今度は暗い印象になりがちなので、それを防ぐために、**電話中は口角をきちんと上げて、口元を緊張させておくことが大切**です。

もちろん相手には見えませんが、口角を上げて話すことできちんとした感じが出て印象がよくなり、相手も落ち着いて聞いてくれます。

〔コツ10〕▼電話ではいつもより「低めの声」で話すと、相手が疲れない

りえの耳寄りコラム ▼ タモリさんに学ぶ「相手が和む話し方」

テレビのバラエティ番組ではタレントさんや芸人さんはかなり高いエネルギーで話すことが多いのですが、その中にあって一貫して「低いエネルギー」で存在感を示している人がいます。

それはタモリさんです。

伝説の番組『笑っていいとも!』の司会を32年間続けたタモリさん。タモリさんといえばボソボソしゃべる印象があるのではないでしょうか。

魚住式メソッドでいうと、タモリさんの話し方は出力エネルギーが少ないんです。しかしそれこそが受け取る側には安心でき、和む要素でもあるのです。それが『笑っていいとも!』が長期間続いた理由のひとつではないかと思います。ランチタイムで一息つきたい視聴者の気持ちに沿う話し方だったのです。

また、『笑っていいとも!』ではテレフォンショッキングという、ゲストを迎えたトークコーナーが人気でした。タレントさんはみなさんそれぞれ、大変

に個性的です。それをタモリさんはあの低いエネルギーの話し方で絶妙に引き立てていたのだと思います。

★話し方のイメージは「声の高さ×スピード」で決まる

では、話すときのエネルギーは具体的にはどうコントロールすればいいのでしょうか。

それこそが「声の高さ×話すスピード」なのです。

この組み合わせを変えるだけで、エネルギーの出力が変わり、相手に与える印象はガラリと変わります。

「声の高さ」と「話すスピード」を変えることによって、イメージがどう変わるか見ていきましょう。

❶高い声×ゆっくり

高い声でゆっくりと話す方は、大らかでほんわかしたイメージ。母性的でやさしく包んでくれるような安心感があります。

❷ **高い声×速く**

同じように高い声でもスピーディな話し方だと、元気で明るくエネルギッシュなイメージになります。男女とも若いイメージになります。

❸ **低い声×ゆっくり**

低い声でゆっくり話すのは落ち着いた癒やし系のイメージ。父性を感じさせ、悩み事の相談にも乗ってもらえそう。

❹ **低い声×速く**

明晰で信頼感のあるクールなイメージ。ビジネスシーンに向きます。仕事ができる人には実際にこのタイプが多いです。

あなたはこの4つのうち、どのタイプでしょうか。そしてあなたの理想の話し方はどれですか？

▶話し方の4つのタイプ

1 高い声×ゆっくり

ほんわか、大らか、癒やし、やさしさ、母性的

【著名人では】

山口もえ、安めぐみ、滝川クリステル、浅田真央

2 高い声×速く

元気、明るい、エネルギッシュ、若々しい、押しが強い

【著名人では】

明石家さんま、髙田明（ジャパネットたかた元社長）、堺雅人（in『リーガルハイ』、『半沢直樹』）、神田うの、郷ひろみ、小泉純一郎

3 低い声×ゆっくり

落ち着き、癒やし、悩み事相談、父性的

【著名人では】

中尾彬、向井理、江守徹、渡部陽一（戦場カメラマン）

4 低い声×速く

仕事ができる、信頼感、明晰、クール

【著名人では】

木村拓哉、クリス・ペプラー、小泉進次郎、竹野内豊

現状と理想が把握できたら、「現状の自分の話し方→あなたの理想の話し方」へとシフトしていきましょう。

コツ11 ▼「高い声×ゆっくり」話すと、やさしく大らかな印象になる

コツ12 ▼「高い声×速く」話すと、元気で明るい印象になる

コツ13 ▼「低い声×ゆっくり」話すと、落ち着いた印象になる

コツ14 ▼「低い声×速く」話すと、仕事ができる印象になる

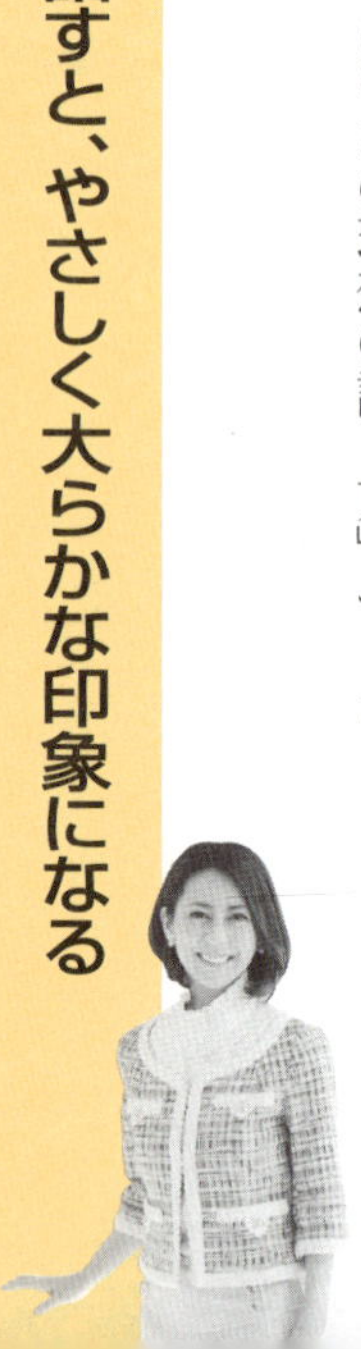

★上達への第一歩は「マネをする」こと。話し方も同じ！

たとえば現状は「低い×速い」だけれど、じつは「高い×速い」が理想だという場合は、主に声を高くすることを意識すればいいわけです。

その際、68ページで設定したロールモデルの「マネ」をしてしまいましょう。

私は高校時代、他校の先輩の声や話し方に憧れていました。その人はスピーチコンテスト入賞の常連でした。

同じ学校の放送部の1年上の先輩がいて、その人も全国コンテストに入賞するぐらいの実力者でしたが、私が惹かれたのは他校の先輩のほうでした。その人の話し方が自分の理想のイメージにしっくりきたからだと思います。同じ学校の先輩の声は高くてゆっくりなのに対し、私が惹かれた他校の先輩は低めで速い話し方だったのです。

その人をお手本に、徹底的にマネをしたことで、自分のアナウンス技術を磨くことができました。

あらゆる分野でいえることかもしれませんが、**上達への第一歩は「マネをする」こと**。そう、モノマネから始まります。

声の高さや話すスピードはもちろんのこと、間合いやクセもまずは徹底的にマネしてみます。これを録音して聞いてみる。自分が聞いた印象と違う部分を探しては、修正を続けるのです。

完璧に近づいてくると、それは自分自身が満足できるだけではなく、多くの人が聞きやすい話し方になっているはず。私自身もそうやって、聞きやすい声や話し方を少しずつ見つけていきました。

スマートフォンでも手軽に録音ができる時代、ラジオでもテレビでも、アニメの声でも、もちろん知り合いのおしゃべりでも、気に入った声や話し方に出合ったら録音して、どこに惹かれるかを注意深く考えながら聞いてみてください。

そのあとで、**徹底的にモノマネしてみましょう**。

私も散々やりましたが、それはとても夢中になれる作業でした。やっているうちに、どうしても難しくてマネできない声があったり、逆に最初は「マネしづらそう」と思っていても、意外としっくりと来る声もあったりすると思います。いろい

► 話し方をマネする2つのポイント

❶ ロールモデルの会話やスピーチを録音して何度も聞く	マネをしている自分の声も、録音して何度でも聞いて上手に再現できているかチェックします。録音できない場合は、とにかく集中して聞き入ります。気づいたクセ、間のとり方などをできるだけメモしながら行います。
❷ ロールモデルの話し言葉を書き出して原稿として読む	一字一句を書き起こします。その際、読点（、）、句点（。）も忘れずに。だいたいスピーチが上手な人は3分で900〜1000字ぐらいに納めています。句点（。）は5秒に1回ぐらいです。

ろと試してみると楽しいですよ。

マネするということは、自分を客観的にとらえなければできないこと。他人が聞いてどう受け止めてくれるかということを考えずには先へ進むことができません。**モノマネで培われる客観性もまた、声や話し方の上達にとても役に立つ**のです。

実際にどうマネするかは図表にしたので、右ページをご覧ください。

コツ15 ▶上達への第一歩は「モノマネ」。2つのポイントで徹底的にマネをする

★低い声でも明るい印象をもたれるには

「声が低くて、暗い人に思われる」という悩みを聞きます。

でも、**声の高さを変えなくても、明るい印象に変えることは可能**です。

まずは、いつものとおりに（とはいえ鼻先を振動させる共鳴を意識しながら）「こんにちは」といってみてください。

次に、笑みをつくって同じように「こんにちは」といってみましょう。

口角を上げながら、同時に口を横方向にも開きます。多少は不自然に感じても大丈夫です。あなたが思っているほど、人から見て変化はないものです。

そして笑みをつくった顔をキープしながら、「こんにちは」といってみてください。

2つの声はかなり違う印象になっていませんか？　余裕があれば、録音して聞き比べてみたり、まわりの人にその違いを確かめてもらったりしてください。

口角を上げた状態で音を発するだけで、感じのいい、やさしい話し方になります。

口角を上げることで口腔も少し緊張し、舌が少し上向きになります。そうすると、「こ、ん、に、ち、は」の一つひとつの音がはっきりと発音されるのです。聞き手には、明るい印象を与えるのです。

（コツ16）▶ 笑みをつくって話すと、自然とやさしく明るい印象になる

★まずは「口角を上げて横に開く」を意識する

ちなみにもうひとつ。今度は、口をやや縦方向に開けて「こんにちは」と発音してみてください。

すると、どんなふうに聞こえますか？　野太い、堂々とした発音になっているはずです。聞き手には、強くたくましい印象を与えます。

口をやや縦方向に開けて音を発するだけで、堂々とした、強くたくましい話し方になるのです。口の開け方によっても、音色（声の印象）は変わるのです。

逆にいえば、どんな印象を相手にもってほしいかによって、口の開け方を意識することも可能だといえるでしょう。

細かいテクニックはいろいろとありますが、まずは「口角を上げて横に開いて」できる音色を意識してみてください。

即効性のあるテクニックでもあり、ことあるごとに意識することで、やがては自然にできるよう心がけるとよいのではないでしょうか。

ありがたいことに、この方法は「『腹式呼吸』や『共鳴』『滑舌』なんて意識している余裕はない！」という緊急事態においても即効性アリなのです。

コツ17 ▼「口角を上げてしゃべる」は好印象をもたれる魔法の話し方

★「落ち着いた雰囲気」を出すための「声」とは？

高い声はよく通って、人の注目を集める効果がありますが、その反面落ち着かない、説得力に欠けるという部分があります。

聞き手によく届く説得力のある話し方は、少し低めの声のほうがいいのです。

じつは女子アナの声が年々、低くなっているというのをご存じでしょうか。

私は日本テレビに１９９５年に入社しました。同期のアナウンサーに町《まち》亜聖《あせい》さんがいます。

私は声が決して高いほうではなく、どちらかというと低めですが、町さんも低めのトーンで知的な印象の声の持ち主です。

女子アナも一昔前は「かわいい」がもてはやされましたが、いまは「落ち着いた知的な雰囲気」も求められているのかもしれません。

低めの声を出すのは、じつは意外と簡単です。

あなたの唇がのど仏（あるいはその下あたり）にあり、のどから言葉を発するイメージで、声を出してみてください。自然と声が低くなります。

また話し方に説得力をもたせたいならば、声が低ければいいというわけではありません。

「抑揚」のある話し方を身につけることが不可欠です。「抑揚」についてはのちに詳しく扱いますので、そちらを参照してください。

コツ18 ▼ 唇がのど仏にあるイメージで話すと、自然と声が低くなり、話の説得力も増す

★早口を直す2つの方法

「ついつい早口になってしまう」という人は、とてもたくさんいます。

早口で話す方は、いいたいことがどんどんとあふれ出てきてしまうのだと思います。

または家族が全員早口で、スピーディに話さないと自分の意見がかき消されてしまうといった状況で育ったとか……。どちらにしても頭の回転が速い人なのだと思います。

しかし、過度の早口は相手をそわそわさせるばかりか、攻撃的な印象すら与えてしまい、損をしかねません。

まず一つひとつの音を確認しながら話してみてください。

「あ・り・が・と・う・ご・ざ・い・ま・す」
「お・は・よ・う・ご・ざ・い・ま・す」

こうやって確認しながら話すと、早く発音することができないので自然と早口が改善されます。

また**次章で述べる「朗読」は、早口を矯正する方法としても適しています**。

ゆっくりと朗読することで、ゆっくりと話す自分に少しずつでも馴れてください。自分ではスローすぎると思えたとしても、意外と聞きやすく、穏やかな印象を与えることでしょう。**「これくらいのスピードだと聞きやすいんだな」というさじ加減を、自分の耳で確かめて身につけてください**。

会話の場合なら、適当なところで間を置くなどして相手の反応を伺う時間をとることも心がけましょう。そのわずか0・何秒かが「包容力がある人なんだな」という印象を醸し出してくれると思います。

コツ19 ▼ 早口を直すには朗読が最適。一つひとつの音を確認しながら話すことも効果的

★スローな話し方をスピードアップする方法

ごくまれにですが、「話し方がゆっくりすぎるので、もっとスピードアップしたい」という人もいます。

ゆっくりとした話し方は相手を安心させる傾向にあり、必ずしもマイナスの要素ではないと思います。が、それも程度次第。スローテンポで話す人にも、そして早口で話す人にも、じつは共通していえるのが「相手（のペース）をあまり見ていない」ということかもしれません。

スピードアップすると詰まったり、噛んだりしてしまうならば、滑舌トレーニング（57ページ）などを行うのもいいでしょう。

アスリートが速く走るために全身の筋肉をウォーミングアップさせるのと同様、テンポよく話すためには口のまわりの筋肉をほぐしてあげることが必要だからです。

★「噛んでしまう」ときの対処法

「話の途中でよく噛んでしまうんです」という相談もじつによく受けます。

なかには「舌が長いせいで噛むんでしょうか？」と聞く人もいますが、舌の長短と「滑舌」「噛む」ことの関連性はないと思います。

たとえば、短距離走などで「走るのが遅いのは、足が短いから」と言い訳することはできませんよね。それと同じです。舌足らずも舌が短いわけではなく、舌をきちんと動かしきれていないから起こる発音の不全ですから、**滑舌トレーニングによって噛むことの多くは改善することができます**。

「噛む」というのは、言い淀んでしまうこと。じつは「よく噛む」というのは頭の回転が速いからということもあると思います。話すスピードを追い抜くほど、いいたいこと、アイデアがどんどん出てくるから噛んでしまうのですね。

じつは私も新人のころ、天気予報を担当しているとき、よく噛んでしまったんです。

そんなとき、あるディレクターさんが、こういってくれたのです。

「あふれてくる言葉のうち、どれを選ぼうかという一瞬の躊躇《ちゅうちょ》や逡《しゅん》巡《じゅん》があるから噛んでしまうわけで、悪いことではないよ。安心しなさい」

この言葉は私を大いに励ましてくれました。そう考えると気がラクになって、それと同時に噛むことも少なくなっていきました。

とはいえ、あまり噛んでしまうとその場の流れや勢いを途切れさせてしまうことも事実。できれば避けたいものですよね。

最近、レッスンの生徒さんからこんな話を聞きました。

「話しながら、同時に自分の声や言葉を聞いて、確認することを心がけると噛まずにいられる」

というもの。86ページで述べた早口への対策と同じなのです。

自分も自分の話の聞き手のひとりとして、話しながら「聞く意識」をもつことで、自然と丁寧に話すことができるのです。

コツ20 ▶ 自分の言葉を「聞く意識」をもって話すと、噛むことが自然に少なくなる

★大きく明るい声を出すには？

どんなにいい話をしていても、声が小さかったら相手に届きません。すばらしいスピーチも台無しになってしまいます。

ただ、小さな声の人にとって、いきなり大きな声を出すというのは難しいことです。

この場合もモノをいうのは「腹筋」です。

私の生徒さんで、こういう方がいました。学生時代に大きかった声をとがめられたことで、すっかり萎縮してしまい、以来、十数年間小さな声を心がけていたらクセになってしまい、大きな声を出せなくなってしまったというのです。

そこで「腹筋にグッと力を入れたまま、普段よりも大きな声を出してください。遠くにいる私に声のボールを届かせるような気持ちで声を出してください」とアドバイスをしてレッスンを行いました。

最初は本当に小さな声しか出せなかったのですが、少しずつ大きくなっていき、最後にはとてもきれいで大きな声が出せるようになりました。

腹筋に力を入れるときは、てのひらで実際にお腹をグッと押してみると意識しやすいかもしれません。

また**大きな声を出すためには「腹筋」のほかに、第1章で述べた「共鳴」や「滑舌」にも気を配る必要があります**。いきなりマックスの大きな声を出すのではなく、少しずつ大きくしていくのがコツだと思います。

第3章

1日5分の「朗読」で、話し方は劇的に上達する

★何が人の心を動かすのか

スティーブ・ジョブズ氏、オバマ大統領、南アフリカのマンデラ元大統領、アウン・サン・スー・チーさん……。

「スピーチの達人」「スピーチの天才」といわれる人たちはたくさんいます。

この人たちはなぜ「スピーチ上手」といわれるのでしょうか。

その理由は**「感動を呼ぶ話し方」「人の心を動かす話し方」**にあると私は思います。

スピーチにしても、会話にしても、思わず引き込まれ、「なるほどそうだ！」「自分もやってみよう」など、同調・共感を呼ぶ話ができる人が「達人」「名人」と呼ばれるのです。

では、その人たちの共通項は何か。

もちろん内容的なこともありますが、やはりここは「はじめに」で書いたように「何を話すかより、どう話すか」の原則に則って考えてみましょう。

それは大きく**「強調」「抑揚」「メリハリ」の3つに集約される**と思います。

つまり、**「いいたい部分が上手に強調されている」**、そして**「ほどよい抑揚がある」**、

さらに「全体像をつかんでメリハリがついている」ということ。

この3つが揃っていることが、人の心を動かす話し方の秘訣なのです。

★「朗読」こそが話し方がうまくなる最短コース

では、この3つのスキルは、どうすれば身につくのでしょうか。

そのための最適なトレーニングが**「朗読」**です。

第1章で「話す」ことは「歌う」あるいは「音楽を奏でる」ことと似ていると述べましたが、私は原稿を「楽譜」のようにとらえています。

音楽において楽譜を読み、解釈し、演奏プランを立てて実際に練習し（ときには解釈に変更を加えつつ）、そうして晴れて人前での演奏に至るという過程は、私の中では「話すこと」と同じです。「音楽のように歌うように読む」ことを意識するようになってから、アナウンス技術がめきめき向上していきました。

そこから発案したのが、このオリジナルの「朗読」練習法です。私が25年にわたって培ってきた経験からこのテクニックを生み出しました。

▼
「強調」「抑揚」「メリハリ」の3つで、
感動を呼ぶ話し方ができる

ここでいう「朗読」は、ただの「音読」とは違います。

ただ書かれた文章を読む音読ではなく、伝えて感動させるためにさまざまな色、音をつけていくのが「朗読」です。**「音読の先に朗読がある」**と理解していただきたいと思います。そしてナレーションのテクニックをそのまま抑揚のついた「話し方」に応用するのです。

原稿に書いてある言葉に集中して正確に発音しつづけるのが「音読」。滑舌をよくするためには有効な手段です。しかし、そのベクトルは話す相手に向かってはいません。

一方、朗読は相手に自分の言葉を届けることを目的とするもの。

朗読こそが「相手の心を動かす話し方」につながるのです。

★朗読トレーニングをすると、言葉がスラスラ出てくるようになる

朗読のトレーニングをしていると、それだけで「会話」も段違いに上達します。これは私自身の経験上、実感したことです。

というのも、なぜか言葉がスラスラと出てくるのです。

▼「朗読」と「音読」は違う。朗読こそ「相手の心を動かす話し方」につながる

会話において「その場に応じた言葉が出てこない」「当意即妙な受け答えができない」という悩みをよく聞きます。会話というのは言葉のキャッチボールですから、「言葉の反射神経」みたいなものが必要になってきます。これが「朗読」によって劇的に改善するのです。

じつは新人アナウンサーのころ、私は番組内で「コメント」を求められるのがとても苦手でした。

当時入社したての女性アナウンサーは、早朝の情報番組で天気予報を担当するのが一般的でした。原稿は30～90秒程度で、まず予報を述べて、コメントをつけるというもの。原稿があるのだけれど、あたかも自分の私見であるかのように話さなければなりません。

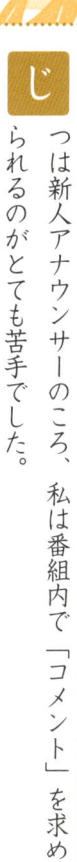

アナウンサーとなればそんなことは朝飯前だと思われるかもしれませんが、私はこれがまったくといっていいほどできなかったのです。

丸暗記した情報をあたかも私見であるかのように話すことがどうしても不自然に感じてしまって、ぎこちなくなってしまうんです。そこにさらにアドリブで自分のコメントを加えるなんてことはとてもできませんでした。

ほかの番組でもとっさにいいコメントが出てこなくて、「しーん」と5秒以上の間が生放送(!!)で起きてしまうという、放送事故のような失敗を何度も繰り返したものです。

そのうちに、いくつかの番組のナレーションを担当するようになりました。週に何度もナレーションの仕事をこなすようになって、ある不思議な体験をしたのです。

ある番組の中で、突然コメントを求められたとき、瞬時に言葉が出てきて、躊躇せずに受け答えができている自分に気づきました。とくに3時間を超える長丁場のナレーションを収録した翌朝などは、次から次へと言葉が口をついてあふれ出していました。

考えが浮かんだと同時にすぐに言葉が口から飛び出してくるのです。

まさに「言葉の反射神経」がよくなっていたのです。

これはもう「朗読」効果以外の何物でもないと確信しました。


新人時代から10年以上経ったいまでも、ナレーションに没頭したあとには同じように

「言葉がスラスラ」と出てくるという実感があります。

★なぜ「朗読」がスピーチの技術を向上させるのか？

では、なぜ「朗読」が話すテクニックを大きく伸ばしてくれるのでしょうか。

じつは、そのメカニズムは私にもはっきりとはわかっておらず、経験が私に気づかせてくれたとしかいいようがありません。

なんとか理論的な解釈ができないものかと、脳のメカニズムを勉強してみたこともありました。

脳外科医である父にも尋ねてみましたが、「そのメカニズムを解き明かすのは、一生かけても難しいかもしれないね。我々人間にとって、脳はそれほどまでに未知の領域なんだよ」といわれる始末……。

なので、科学的な説明ができなくて申し訳ないのですが、私の25年にわたる経験から、その効果のほどは自信をもって断言できます。

自分自身が実証しただけでなく、私の教室の生徒さんもみなさんが、この方法によって劇的に話し方が上手になっているという、「事実」こそが私にとってすべてです。「朗読」のテクニックが身につけば身につくほど、さまざまなアイデアを盛り込みながら「声色をつけていく」作業が楽しくなります。より細かいプランを考え、それを実践して成果があったときの満足感はなかなかのものです。これが、普段の会話においても大きな自信につながります。

早速、レッスンを進めていきましょう！

★ウォーミングアップ【5つの基本をマスターする】

ウォーミングアップだけでなく、レッスンすべてに共通することですが、次の5つの基本に注意して行いましょう。

［1］お腹にグッと力を入れながら読む。自分のお腹を、「空気を押し出して音を出すアコーディオンの蛇腹」だとイメージしましょう

［2］声量はなるべく大きいままキープ

［3］言葉に集中する。言い間違えない
［4］口をしっかりと開け、ハキハキと読む
［5］スピードを一定にして読む

では、次ページの例文を、口の形に気をつけながら滑舌よく読んでみましょう。早口言葉はしっかりと口を動かさないと噛んでしまう言い回しが多いので、ウォーミングアップには最適です。

いずれも早口言葉ですが、目的は早く話すことではありません。ゆっくりでいいので、口のまわりの筋肉をきちんと動かして、はっきり発音ができるように意識しましょう。息継ぎしないで一文を読み切るのが理想ですが、難しければ息継ぎしても構いません。

一文を読み終わるごとに息を吐き切り、きちんとお腹を膨らませて（腹式呼吸を意識して）、息を吸ってから次の一文へ進んでください。

▼早口言葉でウォーミングアップ

お綾《あや》や親にお謝り。お綾や八百屋にお謝りとお言い

この釘は引き抜きにくい釘だ

貨客船の旅客《りょかく》がたくさんいる

月々に月見る月は多けれど、月見る月はこの月の月

のら如来《にょらい》のら如来、三《み》のら如来に六《む》のら如来

蛙《かえる》ぴょこぴょこ三《み》ぴょこぴょこ、合わせてぴょこぴょこ六《む》ぴょこぴょこ

菊栗《きくくり》菊栗三《み》菊栗、合わせて菊栗六《む》菊栗

古栗《ふるぐり》の木の古切口《ふるきりくち》

李《すもも》も桃も桃のうち、李も桃ももう熟《う》れた

この寿司は少し酢が効き過ぎた

アンリ・ルネ・ルノルマンの流浪者《るろうしゃ》の群れ

書写山《しょしゃざん》の社僧正《しゃそうじょう》

竹屋の竹やぶに竹立てかけたかったから、竹立てかけた

口のまわりの筋肉が少し疲れますが、それこそがきちんと動かせている証拠なので、ご心配なく。単音の発声を連続させた言葉、さらには文章によって、「滑舌」はさらによくなることでしょう。

ひととおり読むのに、ほんの数分。3分もあれば十分と思います。

「朝のコーヒーを飲んだあと」「歯磨きのあと」など、生活のどこかに組み込んでみるといいですね。朝、これを行うだけでも、あなたの話し方に変化が出てくると思います。

★朝読トレーニング
【トレーニングは「❶黙読→❷音読→❸朗読」の3要素】

ウォーミングアップが完了したら、いよいよ朗読を始めていきます。

トレーニングは「❶黙読→❷音読→❸朗読」の3つの要素から成り立っています。

まずは「❶黙読」で内容を理解し、「❷音読」では「どう読むか」という朗読のプランを練ります。そして「❸朗読」でそれを実行します。

最初はプロセスをひとつずつ追うことをおすすめしますが、慣れてくればいくつかのプロセスを同時進行させることも可能です。

そして、この努力は必ず抑揚のある「伝わる話し方」「心に響く話し方」につながっていきます。

★原稿を準備する

これは私がレッスンの教材として実際に活用している文章です。まだ何も手を加えていません。ここに、どんな準備をほどこして「朗読」用の原稿にしていくか、楽譜にしていくか、具体的に説明していきます。みなさんも一緒に取り組みながら身につけていってください。

「『失敗』をビジネスに」　朗読用原稿

失敗した経験がない、という人はこの世にひとりもいません。もしいるとすれば、その人は何も行なっていない人です。

失敗や逆境の中には、それに相応しい、あるいは、それ以上の、大きな利益の種が含まれています。そう、失敗の中には、チャンスの芽が埋まっているんです。

会社を倒産させてしまったベンチャー企業家がいます。彼は、IT事業を立ち上げ、順調な滑り出しをみせていました。しかし、金融機関からの十分な融資を得られず、会社は倒産してしまいました。残ったのは、億単位の借金でした。
しかし、彼はそれで終わらなかったのです。事業がなぜ失敗してしまったのかを、本にして出版しました。日本でベンチャー企業が育たない原因は何なのかを、この本は浮き彫りにしました。この本は飛ぶように売れました。彼は、マスコミから脚光を浴び、講演会やビジネススクールの非常勤講師として招かれるようになり、現在はある会社の取締役にも就任しているのです。

（ナポレオン・ヒル『思考は現実化する』より）

ここでは一例としてナポレオン・ヒルの著作を取り上げていますが、朗読する原稿は自分で自由に決めて構いません。

基本的には好きなものを選べばいいのですが、どちらかというと古典的な文学などよりも、話し言葉に近い素材を選ぶのが現実的だと思います。普段の会話で活用できるボキャブラリーを増やすためにも、文章量が少なく、身近で探しやすいという意味では、新聞の社説や雑誌のコラムなどがおすすめです。

あるいは、話し口調で書かれたビジネス書からの抜粋、スピーチに長けた政治家の演説を書き起こしたものなども適していると思います。

また、ネットの動画サイトにはさまざまなスピーチも投稿されています。「こんなふうに話せたらいいな」と思える人物のトークやスピーチを探して、自分で書き起こして原稿をつくるのもいいかもしれません。

文章量は500文字前後が適当。新聞の社説も、そのくらいのボリュームです。スピーチにしたら1分＝300字のイメージです。

❶〔黙読〕▼何がいいたい文章なのか？ 頭の中をウォーミングアップしよう

さて、例文「『失敗』をビジネスに」は4段落からなっています。第1段落は最初の2行です。第2段落は次の2行。「失敗や逆境〜、埋まっているんです。」の部分です。第3段落は続く3行。「会社を倒産〜、借金でした。」の部分。第4段落は残りの5行。「しかし〜、就任しているのです。」の部分。

まずは黙読して文章の意味を理解してください。スピーチの際、「自分は何を一番伝えたいのか」をしっかり考えることと同じです。全体の意味をきちんと理解するには、

▼
黙読をして
文章の意味を理解する。

声は出さないで読み込むことが大切です。

全体を見渡して自分が抱いた印象を頭の中に描いてみてください。私の場合、そこに描かれた状況を思い浮かべ、想像力を駆使しながら黙読を進めていきます。

言葉の一つひとつの意味を考え、それを読み深めるといったミクロな視点と同時に、全体がどんな情景かを想像してみるなどマクロな視点もあるといいでしょう。

❷〔音読〕▼楽譜を読み込んで演奏プランを考えよう

「黙読」で内容を理解できたら、次に「音読」です。言葉の一つひとつをきちんとイメージしながら、間違えないように、滑舌に注意しながら読みましょう。

【ステップ1】から【ステップ3】まであります。

【ステップ1】強調したい箇所をマークする

まず声に出して読みながら、ボールペンを片手に、強調したい（＝重要だと思われる）単語やセンテンスに印をつけていきましょう。どうすれば伝わるのか、プランをこと細かく書き込んでいくのです。

約500文字の文章のすべてを一から十までテンション高く、力を入れて話したら、聞き手は疲れて理解することもやめてしまいます。

「最も重要な部分」だけを見極め、その内容を確実に聞き手に届けるのが大事です。「絶対に聞いてほしい言葉」と「聞き流してもらってもいい言葉」を区別するのです。

私の場合、**強調したい部分は□で囲むようにしています。仕事においても必ず行っています**。渡された原稿を書き込みなしのそのままで読むことはまずありません。

コツ22 ▼「強調したい部分」と「聞き流してもらってもいい部分」を分ける

「『失敗』をビジネスに」

失敗した経験が**ない**、という人は**この世にひとりもいません**。もしいるとすれば、その人は**何も行なっていない**人です。

失敗や逆境の中には、それに相応しい、あるいは、**それ以上の、大きな利益の種が**含まれています。そう、失敗の中には、**チャンスの芽**が埋まっているんです。

会社を倒産させてしまったベンチャー企業家がいます。彼は、IT事業を立ち上げ、順調な滑り出しをみせていました。しかし、金融機関からの十分な融資を得られず、**会社は倒産してしまいました**。残ったのは、**億単位の借金**でした。

しかし、彼は**それで終わらなかったのです**。事業が**なぜ失敗してしまったのかを**、この**本にして**出版しました。日本でベンチャー企業が**育たない原因は何なのかを**、この本は浮き彫りにしました。この本は**飛ぶように**売れました。彼は、マスコミから**脚光を浴び**、講演会やビジネススクールの非常勤講師として招かれるようになり、現在はある会社の**取締役にも**就任しているのです。

いかがでしょうか、どこが重要なのか、どこを強く伝えたいかを考えていくと、より深くこの文章を理解できるのではないでしょうか。

【ステップ2】「抑揚」をつける

次に強調したい言葉やフレーズに合わせて「抑揚」をつけていきます。

「この人の話は聞きやすいな」と感じたとき、そこには心地よい「抑揚」があるはずです。抑揚というのは力を入れるところと抜くところの上手な使い分け、「緩急」を効かせているともいえます。

ほどよい抑揚がついていると、聞く側は「次は何？　どうなるの？」と身を乗り出して聞いてくれます。淡々と、平板に、一定のスピードでなされる話は、まるでロボットか機械の音声機能のようで、聞いているうちについ睡魔が……なんてことになりかねません。

ではどう抑揚をつければいいのか、次の5つのテクニックがあります。

❶高めの声を出す（前後を低くする）

これはじつは普段の会話でみなさんが気づかないうちに使っていることだと思います。先に述べたように、高い声は強いエネルギーをもっているため、言葉を際立たせる効果があります。

このとき、手の振りをつけるとやりやすくなります。手を軽く上げてみたり、前に出してみたりするなど、自分でやりやすいものでいいので試してみてください。

❷前後に比べて少しゆっくりと話す

強調したい部分をゆっくりと念を押すように発音することで、聞き手は重要だと認識して耳を傾けてくれます。どのくらい強調したいかによって、「ややゆっくり」「かなりゆっくり」など、「ゆっくり度」も変えてみるといいですね。

❸直前に軽くポーズ（間）をとる

聞き手は、話の途中で沈黙があると注意を引かれるものです。少しだけ注意を引きたいならば、ほんの少しのポーズを言葉の前にとります。それが次に来る言葉への期待感を高めます。

ここぞとばかり最大の注意を引きたい箇所では、周囲が注目するまで黙って待つくらいのポーズをとることもあります。

❹強く発音する

音量を上げることで抑揚がつきます。これもまた、どの程度大きくするのかを文意に応じて調整します。

❺声色をつける

ポジティブな言葉は明るく、ネガティブな言葉は抑え気味に……など、声にニュアンスをつけるのです。ここにこそ、話し手の個性や人間味が出ます。

私は常々、年齢を重ねた方の話にはどなたでも「聞かせる」何かがあると実感しているのですが、それは長きにわたる経験が、知らず知らずのうちに大切な言葉に色をつけ

▼
聞きやすい話には必ず
「抑揚」がある。

ているのではないかと思うのです。

つまり**声色とは、その言葉に対して無意識のうちにも自分の内側からにじみ出るもの**なのです。

では、実際に先ほどの例文で「声色をつけて話したい」と思える部分を探してみましょう。

それぞれ以下のようなことを想像して声色をつけてみました。

倒産……重大な事件、予期せぬこと（をイメージ）

億、借金……巨額の損失、重々しさ（をイメージ）

飛ぶように……文字通り、羽ばたいていくような（イメージ）

脚光を浴び……フラッシュが光る（イメージ）

この訓練を行っていくと、実際のスピーチの際に人間味あふれるすてきな話し方ができますよ！

Rie's Training

▼「『失敗』をビジネスに」（記入例・声色をつけたい箇所）

失敗した経験が**ない**、という人は**この世にひとりもいません**。もしいるとすれば、その人は**何も行なっていない**人です。

失敗や逆境の中には、それに相応しい、あるいは、**それ以上の、大きな利益の種が**含まれています。そう、失敗の中には、**チャンスの芽**が埋まっているんです。

会社を倒産させてしまったベンチャー企業家がいます。彼は、ＩＴ事業を立ち上げ、順調な滑り出しをみせていました。しかし、金融機関からの十分な融資を得られず、**会社は倒産してしまいました**。残ったのは、**億単位の借金**でした。

しかし、彼は**それで終わらなかったのです**。事業が**なぜ失敗してしまったのかを、本にして**出版しました。日本でベンチャー企業が**育たない原因は何なのかを**、この本は浮き彫りにしました。この本は**飛ぶように**売れました。彼は、マスコミから**脚光を浴び**、講演会やビジネススクールの非常勤講師として招かれるようになり、現在はある会社の**取締役にも**就任しているのです。

コツ23 ▼ 5つのテクニックで、話に「抑揚」「緩急」をつける

りえの耳寄りコラム ▼ 池上彰さんに学ぶ「上手な抑揚のつけ方」

上手な抑揚といえば、何といっても池上彰さんの話し方がお手本的存在です。

池上さんは政治や経済の込み入った話でも、とてもわかりやすく解説されます。

説得力があるばかりか、ますます聞きたくなってくる話し上手です。私の生徒さんでも、理想の話し方として池上さんの名前を挙げられる人がとても多いです。

池上さんはキャスターをなさっていただけあって、パッと音を上げたり、適切なところでポーズをとったり、わざとゆっくり話してみたり、強調したいワードは最初の文字をクリアに発音したりと、抑揚のつけ方が非常に巧みです。

さらに、一文、一文が短く、時には「〇〇ですね」と語りかける口調も使う……など、彼の話し方には上手な話し方のヒントが満載です。出演されているテレビ番組や、動画サイトなどを検索して、ぜひ参考にしてみてください。必ずやお手本になるはずです。

【ステップ3】全体の流れをつかむ

［ステップ1～2］の作業では一つひとつの言葉やフレーズにフォーカスしてきましたが、ここでもう一度全体を見直してみます。

ひとつめの例文「『失敗』をビジネスに」（105ページ）の場合、4段落で構成されていると述べましたが、第1段落が述べているのは「結論」です。第2段落で、もうひとつの「結論」が加わります。

次の第3段落は、話題が転換します。その結論を導くことになった事例の説明です。第3段落で述べられたのは過去の内容ですが、第4段落では時間を経た末の現在の状況を語っています。

この全体像を頭に入れてみると、たとえばこのようなプランを立てることができます。

- **第1段落と第2段落は「結論」を述べているから、ゆっくりと丁寧に読む。しかし内容的には続くので、段落間はポーズを置かずに読む**
- **話が転換する第3段落の直前は少しポーズをとる**
- **第3段落から第4段落への間も、時間の経過を感じてもらうためのポーズを置く**

内容によって、段落と段落の間にポーズをとるかどうかは違って来るでしょう。また、そのポーズも均等とは限らないと思います。

このように全体の文意をつかんで話すことによって、メリハリがつき、聞いている側にとって非常に聞きやすく、理解しやすくなります。

❸（朗読）▼「音読」によって立てたプランを「朗読」で実践する

最後に、いよいよ朗読に入っていきます。

「朗読」する際に必ずしてほしいこと、それは「録音」です。読み終わったら直後に聞き返してみます。

こういうとみなさん「えー」という顔をされます。前にも述べましたが、「自分の声の録音を聞くのは好きでない」という人は多いですよね。私にもよくわかります。

でも、自分を客観的に認識することが上達のための最短の近道なのです。というより、**「録音なくして上達なし」**というぐらい大事なことだと思ってほしいのです。

録音して、それを聞き返す。これを何度でも繰り返します。

また可能であれば友人や家族などに聞いていてもらうのもいいでしょう。スピーチも同様です。客観的な意見は上達を助けてくれます。

（コツ 24）▼「録音なくして上達なし」。朗読は必ず録音して聞き返す！

「エジソンが聞いた内なる声」　朗読用原稿

失敗は形を変えた恩恵なのです。どんな状況であれ、失敗した状況を分析してみると、どんな失敗にも、それに見合った利益の種が含まれている、という事実に行き当たるはずです。

しかし重要なのは、失敗が、いつも熟した果実となって利益を与えてくれる、ということではありません。失敗には、成功の種が含まれている、ということにすぎないのです。

種を見つけ出し、芽を出させ、豊かに実を結ばせるには、明確な目線を持って、想像力を積極的に働かせることが大切です。転んでもただでは起きないという、積極的なマインドを持つことです。気をつけなければならないのは、失敗を、どうしようもないものとして受け止める習慣を身につけてしまうことです。そうなると、潜在意識も同じ過ちに陥ってしまいます。これは、貧乏や心配、あらぬ不安など、あらゆる種類の悲観的見方についても同じことが言えます。

積極的であれ、消極的であれ、ある状態が心を支配するようになると、それはすぐに、習慣になるのです。

発明家のエジソンは、子どもの頃の事故で、聴力のほとんどを失いました。彼は「聴力障害は大きなハンディにならないか」と聞かれたときこう答えたと言います。

「耳が聞こえないことで大助かりしていますよ。周囲の否定的な言葉を聞かなくてすみますからね、それで『内なる声』を聞くことができるようになりました」

（ナポレオン・ヒル『思考は現実化する』より）


次ページは私の書き込み（プラン）です。

「正解」はないので、みなさんそれぞれの着眼・発想でプランを立ててみてください。

前例と同じで□は強調、黄マーカーは抑揚です。

▼「エジソンが聞いた内なる声」(記入例・声色をつけたい箇所)

【第1段落】

失敗は**形を変えた恩恵**なのです。どんな状況であれ、失敗した状況を分析してみると、**どんな失敗にも**、それに見合った**利益の種が**含まれている、という事実に行き当たるはずです。

【第2段落】

しかし重要なのは、失敗が、いつも**熟した果実となって**利益を与えてくれる、ということ**ではありません**。失敗には、**成功の種**が含まれている、ということにすぎないのです。

【第3段落】

種を見つけ出し、**芽を出させ**、**豊かに実を結ばせるには**、**明確な目線を持って**、想像力を積極的に働かせることが大切です。**転んでもただでは起きない**という、**積極的なマインドを**持つことです。気をつけなければならないのは、失敗を、**どうし**

ようもないものとして受け止める習慣を身につけてしまうことです。そうなると、潜在意識も同じ過ちに陥ってしまいます。これは、貧乏や心配、あらぬ不安など、あらゆる種類の悲観的見方についても同じことが言えます。

【第4段落】

積極的であれ、消極的であれ、ある状態が心を支配するようになると、それはすぐに、習慣になるのです。

【第5段落】

発明家のエジソンは、子どもの頃の事故で、聴力のほとんどを失いました。彼は「聴力障害は大きなハンディにならないか」と聞かれたときこう答えたと言います。

【第6段落】

「耳が聞こえないことで大助かりしていますよ。周囲の否定的な言葉を聞かなくてすみますからね、それで『内なる声』を聞くことができるようになりました」

【魚住メモ】

種を見つけ出し、**芽を出させ**、**豊かに実を結ばせるには**……実際に植物が育っていく様子を頭に思い浮かべて

（聞き手にも同じ経験はあり、気持ちは同調しやすいはず）

転んでもただでは起きない……決意を感じさせて

貧乏や心配、あらぬ不安……ネガティブ、抑えめに

積極的……上げ気味に

消極的……下げ気味に

内なる声……わき上がるイメージ

第1段落は重要な結論なので、ゆっくりと丁寧に。

第3段落で内容が展開するので、直前には少しポーズを置く。
第5段落からエジソンの逸話、ここでも話がガラリと変わるため直前にはポーズを置く。

★なぜ「言葉の反射神経」がよくなるのか

先ほど、朗読トレーニングをすることで、「言葉の反射神経」が磨かれると述べました。それについて少し補足しておきたいと思います。

たとえば、口を動かしつづけたことで、舌や口まわりの筋肉が十二分にほぐれたために滑舌がよくなり話しやすくなったというのも、理由のひとつでしょう。

しかし、それだけでは説明できません。ナレーションを終えた翌日に効果が顕著であるといいましたが、ひと晩の睡眠を経ると、舌や口まわりの筋肉はふたたび硬くなり、むくんでもいるはずだからです。そのタイムラグを考えれば、たんに筋肉のウォーミングアップになっているわけでもなさそうです。

あくまで私の推測になってしまいますが、**「適切な言葉をスピーディに選び出す能力」は、「ミスせずに声を出して読みつづけられる集中力」と相関関係がある**と思うのです。

▼
朗読トレーニングで
「言葉の反射神経」もよくなる!

朗読は、言葉に対する感受性を保ちながら音声化する作業です。集中して言葉の意味を理解しながら声を出すと、言葉は意味とともに強烈に脳にインプットされるはずです。しかも、滑舌を意識して舌や口に負荷をかけながら発することで、さらに強化されます。したがって言葉のアウトプットがとてもスムーズにいくのです。

これもまた私の経験から得た実感です。

★「朗読」によってボキャブラリーが増える

「朗読」によって会話が上手になる理由として、「ボキャブラリーが豊富になる」こともあると思います。

人は、頭の中に何らかの伝えたいことが浮かんだとき、それを言語化しようとします。この考えを、どの言葉に乗せて伝えるべきかという選択をするわけです。

会話の場合はこれがスピーディに選択されなくてはなりません。そこでボキャブラリーが多ければ、それだけ最適な言語を探し出しやすいと考えられます。

このボキャブラリー、私の経験からいうと、黙読するだけではあまり身につかないものです。読書家が必ずしも饒舌だったり話上手だったりするわけではないからです。やはり「黙読」ではなく「音読」→「朗読」が脳に影響を与えているのだと思うのです。

声に出して読むという行為は、ボキャブラリー形成に大いに役立つのです。

声に出して読んだ言葉は確実に脳に蓄積され、その結果、ボキャブラリーが豊かになるように思います。しかも、言葉の意味、使い方もセットになってより確実に脳に記憶され、取り出しやすくなっている気がします。

これもメカニズムについてはいまのところ解明されていないようですが、聴覚と脳のある部分が密接に関係しているのではないか、というのが私なりの推察のひとつです。

幼児は、母親や周囲の人が自分に話しかける言葉を自らマネて声を出していき、おしゃべりを覚え、ボキャブラリーを増やしていきます。そのときの脳の状態に近いのかもしれないと思うのです。

コツ25 ▶朗読を通して「言葉の反射神経」を磨き、ボキャブラリーも増やす

第4章

ビジネスからプライベート、
プレゼン、スピーチにも！

今日からすぐに役立つ「日常会話」のテクニック

★コミュニケーションを深める会話術

★私が実践している話し方・聞き方のテクニックを全伝授します！

第1～3章のトレーニングをひととおりこなしたら、それだけですでに「声」だけでなく「話し方」も上達しているのが実感できると思います。話す技術は本当にやればやるだけ身につくものなので、ぜひ少しずつでも継続していただければと思います。

この章では第1～3章における基本を身につけたうえの実践編として、日常会話、プレゼン、スピーチに使える「話し方・聞き方のテクニック」を紹介していきます。

すべて私が自分で失敗を繰り返しながら、培ってきたテクニックです。

もちろんいまもすべて実践しているものばかり。大きなものから細かいものまでありますが、ちょっと心がけるだけで見違えるように話し方・聞き方のスキルがアップしますよ！

★相手の話を上手に聞き出すには

人は、自分の話を聞いてもらえるとうれしいものです。自分の考えや気持ちに同調してくれながらしっかり耳を傾けてくれる相手には、より深い信頼がもてるものです。

飲食店を営む私の友人は、接客業という職業のせいなのか、とても聞き上手。

彼女は「それって○○ってことだよね」「それはつまり××なんだよね」と、私が話した内容を別の言葉で改めて言い直しながら同調してくれます。時には自分の経験に照らし合わせて、話を盛り上げてくれます。これは「私はあなたのことをちゃんと理解していますよ」ということの表明でもあります。

だから彼女とはいつ話しても、じつに気持ちよく、楽しい気分になれます。相談事があったり、話を聞いてほしいときは、つい彼女を頼りたくなってしまいます。

★相づちの上手な打ち方

相手の話を上手に聞くためには「上手な相づち」が欠かせません。

ところがこの相づち、なかなか難しいのです。ただ打てばいい、というものではありません。それどころか逆効果になることも少なくないのです。

私のレッスンを受けている生徒さんで、少々ぶっきらぼうな印象を受けてしまう男性がいました。たしかにその人は表情がやや硬めで、初対面では「怖そう」といわれてしまうこともたびたびあり、本人もそのことを気にされていました。

実際はとてもやさしくて、相手に対して気遣いもできる人なのですが、この人は「相づち」に少々問題があったのです。とても真面目な性格ゆえに、会話をするときの相づちのリズムが一定なのです。

「はい……はい……はい……はい……なるほど」

よくいえば律儀ですが、ともすると機械的で不快に思われてしまうのです。

そこで、この生徒さんには**「相づちを打つとき、声に出さないように」**とアドバイスしてみました。

相手の話を聞こうという姿勢はもちろん大切です。でも声は出さなくても、相手の目を見たりうなずいたりすることで、それは十分伝わります。

その結果、その方の印象がガラリと変わったのです。**相づちをあえて声にしないというだけで、とても感じのいい、やさしい雰囲気になった**のです。

コツ26 ▼ 相づちは、あえて声を出さずに黙ってうなずくと、好印象になる

★誰だって「話したい」し「認められたい」

「話し方」というと、つい声を出すことにフォーカスしてしまいがちですが、じつは音のない時間や空間もとても大切。「無の存在」があることで相手はリラックスでき、会話も弾むことになるのです。

相づちは黙って、微笑んで うなずくだけでOK!

誰だって「話したい」し「自分のことをわかってもらいたい、認められたい」もの。

こちらの声を差し挟まず（つまり、相手の声をさえぎることなく）、邪魔をしないのがポイントです。ゆっくりとうなずくだけ。

それで、話し手の気持ちはほぐれ、あなたと一緒にいることがとても心地よく感じられるのです。

先ほど紹介した聞き上手の友人は、やはり私が話している最中に相づちを打つことはまずありません。黙って、微笑んで、うなずくだけです。そこに言葉がなくても私を気遣ってくれる思いやりとやさしさを感じ取ることができます。

「ただ聞くだけ」「話し手の言葉に集中してうなずくだけ」というのは忍耐力を要することかもしれませんが、それによって話し手側は思わぬ本音を吐露できたりもするのです。みなさんもぜひ、心がけてみてください。

りえの耳寄りコラム ▼ タレントやお笑い芸人もプライベートは無口!?

相づちとは少しズレますが、テレビで元気にしゃべっているタレントさんや、すごく面白いお笑い芸人さんがプライベートではとても無口で物静か……ということは、じつはよくあることです。

私自身も普段はあまりしゃべるタイプではありません。友人といるときは聞き役に回るほうです。

タレントさんや芸人さんもそうですが、おそらく無意識のうちに「仕事のためにエネルギーを溜めておく」というところがあるのだと思います。

局アナ時代のことですが、仕事が終わってアナウンス室に帰ってきて、そこで同僚とおしゃべりなどをしていると、よく部長に怒られたものです。

「仕事で出し切っていれば、もうぐったりしてアナウンス室でおしゃべりする余裕などないはずだ」というのです。それは確かにいえることだと思います。

それで思い出したのが、アナウンサー試験を受けたときのこと。

アナウンサー試験というのは一発で決まるものではなく、選ばれた20人が本番の1か月前ぐらいから局に毎日通ってアナウンスのセミナーを受けます。

その20人とは毎日のように顔を合わせるから、みんな仲良くなって休憩時間などにおしゃべりをします。そこですごく仕切ってリーダー的存在となって話す人が本番での試験でも上手かというと、必ずしもそうではないんです。逆に、あまり話をしない人のほうが、本番の試験を見事にこなしたりすることもあります。

例外として明石家さんまさんのようにプライベートであろうとなんであろうと常にしゃべりまくる人はいらっしゃいますが。さんまさんは、まさにいい意味での「規格外」で「天才」なのだと思います。

★ 初対面の緊張を一気に解く「座る場所」

ビジネスで初対面の人との会話、はじめてのデートでの会話……、緊張しますよね。「緊張のあまり、会話が弾まなかった」という失敗談もよく聞きます。

もちろん会話力をつければそれも自然に解消されていくはずですが、ここでは「座り方」に注目してみましょう。というのは、**「座る場所」次第で、その場の空気が変わる**からです。

相手の対面に座ると、そこには良くも悪くもオフィシャルな雰囲気が生まれます。ビジネスの場であれば、この「対面座り」で一定の緊張感を保つのが効果的な場合もあります。

お店のカウンターなどでよくある横並びの座り方は、自然と相手との親密感が生まれます。個人的な相談事などに向くシチュエーションであり、一方で相手と視線を合わせられない照れ屋さんにも向いているともいえます。

その中間である90度（直角）の位置は、雰囲気もまたカジュアルとオフィシャルの中間。『徹子の部屋』を筆頭に、インタビュー番組でも多いセッティングですね。日常生活やインタビューなどにもよくフィットする、話しやすい配置だと思います。

緊張は避けたいというとき、面識は浅いけれどフランクに話したい相手との歓談では、この90度の角度で座ってみるといいでしょう。

コツ27 ▼ 会話のときは、相手との距離感によって「座る場所」を変える

★会話が途切れそうなときは？

話が途中で途切れてしまい、気まずい沈黙……。

これは話し方に自信がない人が最も恐れていて、避けたいと思っていることの筆頭ではないでしょうか。

初対面の人、あるいは面識の浅い人との会話を弾ませるのは、プロにとってもなかなか難しいこと。

とはいえ、私たちの仕事では初対面の人にインタビューするのは日常茶飯事ですから、難しいともいっていられません。私も試行錯誤しましたが、ある「コツ」を覚えてからはグンとラクになりました。

それは、**相手に「はい」や「いいえ」で答えさせない**ということです。

局アナ時代のまだ若かりしころ、24時間で100キロという長距離を走るマラソンランナーAさんにインタビューする機会がありました。生中継です。

「その場の空気をどうしたらお茶の間に伝えられるか？」

「グッと来るコメントをもらえるか？」

前日から緊張しつつ、質問事項をリストアップして、万全の準備でのぞみました。当日、Aさんは途中で足を痛め、その痛みに耐えながら涙のゴール。その感動を伝えるべく、インタビューを始めたのですが……。それはとんでもない結末を迎えてしまったのです。

魚住　「ふくらはぎが痛いんですね？」
ランナーA　「はい……」
魚住　「とっても痛そうですね？」
ランナーA　「……はい」
魚住　「走り出して30分後くらいに痛そうにしていましたね？」
ランナーA　「はい……（そのとおりです）」
（……終了）

新人だった私は、もう対処のしようもなくオロオロするばかり。ディレクターからは「魚住、お前がしゃべるな。とにかくAさんにしゃべらせろ」というカンペ（カンニングペーパー）が出される始末。散々でした。

私の最大の失敗は、自分で先に答えをいってしまったこと。

当然、インタビューの相手は「はい」か「いいえ」で答えるしかない。すると話はそこから展開のしようがないわけです。

いまなら、たとえば次のようにインタビューします。

魚住　「足を引きずって走っていらっしゃいましたが……？」

ランナーA　「どうやら、ふくらはぎを痛めてしまったみたいで、かなり痛かったです」

魚住　「いつごろから痛みを感じたのですか？」

ランナーA　「走り出して30分経ったころかな……」

魚住　「たしかにそのあたりで、ちょっとスピードが落ちた感じでしたね……」

ランナーA　「そうなんです。やっぱりわかりましたか。それからどんどん痛みが強くなってきて……」

魚住　「大変でしたね。処置はされましたか？」

ランナーA　「それがまだなんです。とにかく、すぐに冷やそうと思っています」

▼

自分で先に答えをいって相手の話を遮らない！

このように展開すれば、相手がいろいろ話してくれたと思うのです。

経験が浅く、融通の利かなかった私は、すでに自分が知っていることや用意した資料にあるデータと同じ内容を取材相手から欲しがってしまい、失敗したのです。

コツ28 ▼話を盛り上げるには、相手が「はい」「いいえ」で答えない質問をする

★返事がわかっていても、知らないふりをして、相手に話してもらう

ほかにもいろいろ失敗はあります。たとえば、あるタレントさんのインタビュー。

事前に渡された資料には「好物は大福餅」とありました。そのことを話してもらおうと思うあまり、こんな聞き方をしてしまいました。

魚住　「大福餅がお好きなんですよね」
タレントB　「はい……」
（……終了）

そりゃそうですよね。私が答えを先にいってしまったんですから……。
これも悲しい結果でした。
いまの私だったら、こんなふうにインタビューします。

魚住　「Bさん、甘いものがお好きと伺っています。さっきも、スタッフさんにとってもおいしそうなお菓子を差し入れていらっしゃいましたね」
タレントB　「はい、甘いもの、好きですよ。でもどっちかというと生クリーム系は苦手で和菓子派ですね。じつは大福が好物なんです」
魚住　「そうなんですか！　お好きな店はどちらですか？」
タレントB　「麻布十番の○○屋が大好きでねえ。いつもそこって決めているんです」
魚住　「へぇ、麻布十番はよく行きますが、その店は知りませんでした。今度ぜひ行ってみたいと思います」

タレントB　「あ、○○屋に行くんだったら、隣の△△っていう焼肉屋もおいしいから行ってごらん。僕も家族でよく行くの。月一は行っているね。そこの牛タンはものすごくおいしいよ」
魚住　「牛タン！　大好きです。牛タンがおすすめなんですね？」
タレントB　「あとあの店はマッコリがうまいよ。本場で飲むよりおいしいぐらい。奥さんが好きで、行くといつも特別なのを出してくれるの。あんまり教えたくないけど」

Bさんの甘いもの好きから話が広がり、次のような情報が聞き出せるのです。

・生クリームが苦手
・お気に入りの和菓子屋の隣に、おいしい焼肉屋がある
・そこには月に一度のペースで家族で行く
・牛タンもおいしいが、じつはマッコリが誰にも教えたくないほどのお気に入り
・奥様もお気に入りの店である

▼ 知らないふりをして どんどん相手に話してもらう！

返事がわかっていても、自分からはあえていわず、知らないふりをして、相手にちゃんとしゃべってもらうのです。これはインタビューの鉄則ですが、一般的な会話でももちろん活用できるはずです。

最初に結論をいってしまったら話にブレーキをかけ、新たな話を引き出すチャンスをみすみす逃してしまいます。

ちなみに、こうした大失敗ですっかり落ち込んでしまった若かりしころの私は、しばらくの間、なかなかこちらから相手に話題を投げかけることができなくなってしまいました。

自然と、相手の話を黙ってうなずきながら聞くことになったのですが、それこそが相手にとって話しやすく、いろいろ話をしてくれることに気づいたのです。「怪我の功名」とはまさにこのことです。

コツ29 ▼ 自分が知っていることでも、わざと知らないふりをして相手に話してもらう

★「会話では、相手の目を見たほうがいい」はホント!?

「話をするときには、相手の目をしっかり見て」とは昔からよくいわれることです。

でも、必ずしもそれは正しくないと思うのです。私自身、どちらかというと目鼻立ちがはっきりしているほうですが、そんな人がじっと凝視すると、相手は少なからず威圧感をもってしまうのです。そればかりか攻撃的に思われてしまうことさえあります。

基本的に視線は相手の目や鼻先にやわらかく向けながら、会話のところどころで「うーん」と考えるときに視線を上や下に移動させるといいと思います。ずっと相手の目に視線をロックオンするのは避けましょう。

大切なことは「私はあなたの話を聞いていますよ」というシグナルを送ること。目ヂカラがある人は、とくに気をつけてみてください。

コツ30 ▶ 会話のときの目線は、「うーん」と考えるときに上下に移動させる

★話しながら、上半身を揺らしていませんか？

話し手、とくに男性に多く見られるのが、話しながらやたらと体を揺らすクセです。これは直したほうがいいですね。聞き手は、体の動きを目で追いながら話を聞くことに疲れてしまいます。目も頭もクラクラします。私はこれを「会話の船酔い」と呼んでいます。

会話だけでなくスピーチやプレゼンテーションのときも要注意。

上半身が安定していないために、「落ち着きがなく、焦っている」ような印象を与えてしまうからです。

巻末の特別付録で紹介する政治家の小泉進次郎さんや石破茂さんのスピーチを見ても、しゃべるときの上半身の安定は見事なものです。

（コツ31）▶話すときに上半身を揺らさない。「会話の船酔い」のクセは直そう

★電話の会話は「感じよく、ゆっくり」

相手の表情や反応が見えない、自分の表情も見せられない……。電話については第2章でも述べましたが、音声だけが頼りとなる電話の会話は、じつはかなり難しいものです。会って話すと普通に感じのいい人なのに、電話の会話だと「機嫌が悪いのでは？」「怒っているのでは？」と感じることはないでしょうか。

電話はいつもどおりに話していても暗めに聞こえがちなのです。

ですから**電話の会話は、できるだけ感じよく明るい声でゆっくりと話すように心がけたいもの**です。「相手が聞き取りやすいように」という意識をもって会話しましょう。

第2章でも述べたように、一対一の電話では声が高すぎるとエネルギー量が多すぎて相手が疲れてしまいます。意識的に音を低くしてエネルギー量を減らすことも大事です。しかし、音を下げると丁寧さが少し減ってしまうので、**電話では口角を上げてきちんと話すことが大事**です。口元は常に緊張させておくのです。そうすると相手は落ち着いて聞いてくれます。

一方的に話す必要がある留守番電話のメッセージなども、口角を斜め上に引っ張って明るく元気な声を出しましょう。

とくにビジネスシーンにおいて、こちらから電話をかけるときは、あらかじめ話すべき内容をリストアップしておきましょう。メモを手元に置いて落ち着いて話すことができれば、「相手が見えない」というデメリットもメリットとなりますね。

コールセンターのオペレーターを教育している女性から、こんな話を聞いたことがあります。

オペレーターのデスクには、お子さんやペットの写真が貼ってあることがとても多いのだとか。それらの写真に話しかけるようにして電話対応をすると、自然と笑顔になり、声も明るくなります。

苦情や複雑な問い合わせへの対応も、そうした環境づくりがあってこそ、スムーズに行えるのだなと感心しました。

コツ32

▼机や電話の近くに、子どもやペットの写真を貼る。写真を見ながら話すと、早口にならない

★イメージをアップさせる会話術

★「えー」「あのー」などの口グセをやめる方法

話の冒頭に「えー」や「あのー」「えっと」などの言葉をつけてしまう人がいます。

これはぜひともやめましょう。

「えー」「あのー」「えっと」などの感動詞は、本人はさほど気にしていないかもしれませんが、聞く側にとっては耳障りなフレーズになってしまいます。

レッスンに通い出したばかりの生徒さんには、「えー」を頻発させる人が少なくありません。

一度、数えてみたら1分間に20回という人がいました。じつに3秒に1回の割合です。

録音したものを本人に聞いていただいたら、「まさかこんなにいっているとは」と大ショックの様子でした。自分では気づかないのですね。

しかし、この人はここからの巻き返しがすばらしかったのです。

その場でもう一度トライすると、たちまち1分間に7回と激減しました。3度目には、ごく小さく「えっ……」と入りましたが、ほぼゼロに。

3度目の録音を聞いた本人いわく、「話が整理されていて、自分でものすごく上手に聞こえます」。

「えー」をなるべくいわないことで、これだけ激変するのです。

会話から「えー」のフレーズを消すだけで、理知的で落ち着いた印象が増し、相手はあなたの話す内容に耳を傾けてくれるようになるはずです。

この「えー」をいわないためにはコツがあります。

❶ 文末で、必ず一度口を閉じる

次の文章へと移るとき、「えー」といいそうになったら即、口を閉じて我慢してください。

慣れるまでに少し時間は必要ですが、不要な音を出さないための練習です。「。」が来たら「口を閉じる」ことを習慣にしてください。そのほうが見た目の印象もいいのです。

❷ 「えー」の代わりの言葉を用意する

▼

「えー」を減らすだけでものすごく上手に聞こえる。

「えー」といってしまうのは、次の言葉が出てこないため。言葉を探すためのつなぎがやがてクセになり、逆に「えー」といわなければ次の言葉が出てこなくなることも。この悪循環は断ち切らなければなりません。

そこで、「えー」の代わりを用意します。

いいたいことが明白で、それを表す言葉がパッと浮かび、最初から主語や接続詞がはっきり出てくる人は少ないです。だから、最初は「まあ」「それで」「だけど」「さて」などで構いません。

やがて、「私は」「みなさんは」など、主語から話しはじめられるようになります。

コツ 33 ▼ 冒頭の耳障りな「えー」「あのー」をやめるだけで、立派に聞こえる

★意外と耳障りだけど本人は気づいていない……陥りがちなクセ

「えー」以外にも、意外と耳障りな口グセというのがあります。

先日、とある企業の謝罪会見をテレビで聞いていると、ひとつのクセが気になりました。

それだけではなく、その担当者の話し方に不快さを感じてしまったのです。それはこういう話し方でした。

「お客様がぁ⤴　メニューを見てぇ⤴　ご自分でぇ⤴　選ばれたぁ⤴　ということでぇ⤴……黙ってやろうとかぁ⤴　隠蔽しようとかぁ⤴　もちろん⤴　思っていませんでした」

「て」「に」「を」「は」「が」といった助詞、あるいは文節の最後がいちいち上がり調子になって、しかも伸びているのです。

このように**「て」「に」「を」「は」「が」の助詞や文節の最後の音を上げて伸ばす話し方は、ウソをついているような印象を聞き手に与えてしまう**のです。あるいは、「私は他人の言葉を借りてしゃべっています。私の本意ではありません」といった印象も相手に与えかねません。

この語尾を上げるイントネーションは、次の2つに使うのが一般的です。

❶疑問があって、相手に何かを尋ねるとき
❷相手に同調したり、同意を求めたりするとき

こうした❶疑問を投げかけ、❷同意を求めるという語り口調が謝罪会見にそぐわないことは明らかでしょう。私を含めた多くの人が、この企業に対して無責任な印象を抱いてしまったのも当然だったと思われます。

無意識のうちに助詞や文末の音を上げてしまうクセは、録音して確かめてみないと気づくのは難しいものです。録音&確認で、「えー」とともに、要注意であるこのクセに陥っていないか確かめてみてください。

もうひとつ、説明の際、語尾に「と」を必ずつける人がいます。

「こっちが最新機種ですと」

「あそこにあったと」

「その人はこういっていたと」

こんな感じです。これはなぜか最近よく聞くんですよね。私だけかもしれないのですが、あまり気持ちがいいものではありません。「〜と」をつけるのは、語尾を上げるのと同じで、その人自身の言葉でないような、本心からいっていないような、そんな印象を与えてしまいます。そのセンテンスがちゃんと完結していない感じもします。

それからこれも私だけかもしれないのですが、「疑問形の多用」も気になります。

「このパスタ、おいしくないですか？」

「あっちの帽子のほうがかわいくない？」

これらは純粋な疑問ではなく、相手に同意を求めているわけですよね。少しならいいけれど、ずっとこの調子で話す人がいます。自分のいっていることに自信がないからそうやって常に同意を求めてしまうのかもしれませんが、これも聞いていてあまり好感がもてません。みなさんはどう思われますか？

コツ34 ▼ 語尾を上げる話し方は、不快な印象を与えるのでやめる

★こっそり教えます！　究極の「モテ会話」術

「女性と上手に話すにはどうしたらいいですか？」という男性からの質問は、レッスンの生徒さんも含めて非常に多く寄せられます。

一概にはいえませんが、男性は自分が思っている以上に早口で、一方通行の話し方をしてしまう傾向にある気がします。これは女性に「つっけんどんだ」「取り付く島がない」という印象を与えかねません。

まずは深呼吸をして、話すスピードを少しダウンさせると、穏やかでやさしい印象になります。女性は安心して会話できると思います。

では、女性の「モテ会話」とはどんなものでしょうか。

私の推察になってしまいますが、男性は、話を聞いてもらうことで女性に心を開いていく傾向が強いように思います。

気になる男性、もっと仲良くなりたい男性がいたら、その人の話をよく聞いてあげることから始めてみてください。もちろん余計な相づちは打たず、黙って笑顔でうなずくという先のテクニックを忘れずに。

「スキ」がない話し方は仕事には◎、デートには×

また、私のまわりで「もったいないな」と思うのが、仕事がものすごくできて、女性としてもとても魅力的なのに、男性にはあまり縁がない女性。**彼女たちは「スキ」がなさすぎる**のです。そういう女性は低めの声でスピーディに話す傾向があるように思えます。

これはもちろんビジネスシーンでは大変有効なトーンなのですが、デートには不向きです。聞き手である男性は仕事モードから逃れられず、緊張感の漂う時間を過ごすことになります。

しっかりとした話し方は基本的にそのまま大切に（それもステキな個性ですから）、けれど時々は印象を変えてみましょう。たとえば、感嘆や驚きなどを少し高めの音で伝えてみてはどうでしょう。

「わぁっ、うれしい」「ステキですね」「すごいですね！」など、ちょっとしたひと言で場が一気に華やいで、男性の気持ちもほぐれます。

その昔、80年代には「ブリッ子」が流行りました。松田聖子さんに代表される高く甘えたような話し方。当時はその、高く鼻にかかった声は揶揄されていたように思えます。

しかし、いまにして思えば、その話し方が強力なチャームポイントとなり、彼女は国民的アイドルになりえたのではないでしょうか。歳を重ねても衰えない彼女の高い声は、外見とも相まって、驚くほどの若々しさを感じさせます。

声帯は筋肉であり、筋肉である以上は老化を避けられません。加齢とともに女性の声は低く、男性の声は高くなっていきます。でも発声練習を続ければ、声を若く保つことは可能です。さしずめ、「声のアンチエイジング」といったところでしょうか。

極端に自分の声を変えたり、無理にはしゃいだりする必要はありませんが、話し方には人間関係や状況を変えてしまうパワーが少なからずあるということを、ちょっとだけ頭の隅に置いておいてくださいね！

コツ35 ▼デートでは男性は「ゆっくり話す」、女性は「高めの声」で相手の心をつかむ

★商談で役に立つ会話術

★初対面の商談相手との会話をスムーズに進める方法

初対面というだけで会話を弾ませるのはなかなか大変なことなのに、ビジネスの相手となると余計難しいものです。

その場合、事前にできるだけ相手のことをリサーチしてみるといいと思います。相手が好きなものや趣味などを共通の知人に聞いてみるとか、何かしらの情報を得ることはできるのではないでしょうか。**「相手を知りたい」と思う気持ちこそがコミュニケーションの第一歩であり、そこからすでに対話は始まっている**ともいえます。

あいさつのあとに「○○がご趣味だと伺いました。私も○○にとても興味があって、今日はお会いできるのを楽しみにしていました」といった会話からスタートするのもいいし、商談が一段落ついたときに「ところで○○がご趣味と伺ったのですが……」などと切り出してもいいですね。

ただここで注意すべきは、**調べた事前情報がいまも相手に有効と信じ込まない**こと。人は時間とともに変化します。たとえば「この人はゴルフが好きだと聞いたから、ゴルフの話をすれば盛り上がるに違いない」と思ってゴルフの話を始めたところ、当の本人はゴルフは最近あまりやっていなくて、自転車に夢中……ということもあるわけです。だから情報を事前に仕入れつつも、そこに縛られず、そのときのライブ感を大事にしましょう。一番新しい情報は「目の前」にあるのですから。

コツ36
▼初対面の相手は、事前に情報を集め、あとは臨機応変に対応する

★部下を「上手に」叱る

「叱る」というのもテクニックが必要なことです。ただ感情に任せて相手を非難するとか、怒りをぶちまけるというやり方は上手な叱り方とはいえません。

ここで強調したいのは**「感情はシンクロする」**という原理です。あなた（話し手）の感情は必ず相手に影響を与えます。あなたが怒っていたら相手も怒り、あなたが穏やかな感情なら相手も穏やかになります。

心の中は怒りでいっぱいになっているかもしれませんが、怒りをそのままぶつけると相手まで怒りモードにシフトしてしまいます。すると相手は、「なぜ自分が悪いのか。どんな点を指摘されているのか」を考えなくなってしまいます。

ですから、まずはあなたが冷静になることが先決です。つまり、**基本的には叱るときは低く、ゆっくりと話す**ということです。

そのうえで、第2章で述べた「声の高さ×スピード」を使い分けることで「上手な叱り方」ができます。

まずその部下に「どう感じてもらいたいか」「どうなってほしいか」を考えてみてください。

たとえば、危機感をもっていないのんき気な部下には、**「高い声×早口」**の組み合わせで檄を飛ばしたり、煽ってみたりするのも有効かもしれません。

一方、自らの失敗でパニック気味だったり、逆切れしがちだったりする部下であれば、冷静な空気が必要です。父性的な印象を与える**「低い声×ゆっくり」**の組み合わせで対処してみるのがよいでしょう。

コツ37 ▼ 感情はシンクロするので、叱るときは「低い声×ゆっくり」話すのが基本

★「話が弾まない人」との会話は「鉄板質問」で乗り切る

ビジネスの場でちょっと時間が空いてしまったとき、あるいは少し休憩というとき、初対面の相手と雑談というか、世間話をしなければいけないことってありますよね。

相手がフレンドリーなタイプで、会話がどんどん続くならいいのですが、時にはなかなか会話が弾まない場合もあります。

「このコーヒー、おいしいですね」

「はい、おいしいですね」

「…………（沈黙）」

みたいなこともあります。

会話が弾まないときは、「質問」に限ります。相手のことを聞き出すのです。

「○○さんのご趣味は何ですか？」

「やっぱり出張なんか多いのですか？」

要は、あなたが相手に興味をもっていることを示すことが大事です。

どんな人でも自分に興味をもってくれて質問してくれたらうれしいし、無口な人でも自分の得意なこと、趣味の話ならいくらでも話すことができます。

自分の「鉄板質問」を用意しておくと便利です。「この質問ならいつでも誰にでも聞けて、そこそこ盛り上がる」という質問をいくつか用意しておくのです。

持ち物ネタなどは、いつでも使える鉄板質問だと思います。

たとえば名刺。最近は凝った名刺を使う方も多いですよね。写真付きだったり、裏面にちょっとしたPRが書かれていたり。そこから話を広げるのもいいと思います。

一方、相手への質問で、NGなこともあります。それは家族のこと、住んでいるところ、子どもの有無など。

これらは個人的な交流が深まったときに自然の流れで聞くのはいいのですが、ビジネスの場では避けたほうがいいと思います。

コツ38 ▶ 話が弾まない相手には「質問力」で乗り切る。「鉄板質問」も用意する

★ 会話のとっかかりや沈黙のときは、相手の小物をさりげなくほめるのが効果的

会話のとっかかりや少し沈黙が生まれたときは、相手をほめること、たとえばさりげなく相手がもっている小物をほめるのもいいですね。

「その名刺入れ、ちょっと目を引くデザインでステキですね」

「○○さんは字が上手ですね。書道か何かをやられていたのですか?」

ほめるためには、まず相手を観察することです。どんな服を着ているのか、持ち物は

どうか。外見からだけでも相手がどんな自分を表現しようとしているのか、かなりの情報が得られるものです。

相手をほめることを言い換えれば、会話では**相手にダメ出しをしない、否定をしないこと**です。

たとえば休日に何をしているかという話になったとして、相手が「もう昼過ぎまで寝ていて、面倒くさくて食事もしないぐらいですよ」と答えたとします。

そんなときでも「そんな不健康な過ごし方はよくないですよ」などとダメ出しをせず、「ああ、そうですよね。私もお休みは何もできないときがありますよ」といったように相手に同調します。

その返事も、できればほめて返すといいでしょう。

「ちょっとマイナーな趣味かもしれないんですが、あまり知られていないインディーズのバンドを探して曲を聞くのが好きで、気づくと一日経ってしまうんです」ということなら「インディーズをご自分の耳で評価できるなんて、本当にすごいですね！　音楽のセンスがずば抜けていますよね」とほめるのです。

そこから「ご自分でも音楽をなさるんですか？」などというように、また話を広げることも可能です。

▼

質問する→相手のフィールドに入る→相手をほめて返す！

いずれにせよ、質問をすることで相手のフィールドに入って、相手をほめて返す、この基本さえ覚えておけば、初対面の相手、ちょっと気づまりな相手とでもスムーズに会話ができるはずです。

コツ39 ▶会話のとっかかりや沈黙は、相手の小物をさりげなくほめて乗り切る

★「上手な断り方」をするには

たとえば相手からの提案を断る、注文をキャンセルするなど、ビジネスの場では「断る」こともよくあることでしょう。

こうしたネガティブな案件こそ、「話し方」の手腕が試されるシーンともいえます。断られる側に恨まれたり不満を抱かれたりすることなく、気持ちよく諦めていただくにはどうすればいいか。相手との関係がその後も継続するとして、お互いが前向きでい

られるような「説得力」が必要です。

まずは、断る理由をわかりやすく整理して伝えることが大切です。

そしてすまなそうに、居心地が悪そうに話すのではなく、むしろきっぱりと、明るく話すのがコツ。「いまは断るけれど、それも将来に向けて前向きな決断である」ということを、声と話し方でアピールすればいいのです。

私も年上の女性にある依頼をしたとき、「私にはそれはできない。ごめんね！」と笑顔でサクッと返事をされた経験がありますが、断られて腹が立つどころか、「潔くて素敵だな」と感心してしまいました。

逆に、あまりにもすまなそうに深刻に告げてしまうと、相手にはマイナスの感情だけが伝わってしまうので、気をつけましょう。

コツ40 ▼ 断るときは「きっぱり×明るく」が基本

★上司に残念な結果を報告するとき

これもネガティブな案件ですね。上司への報告、残念な結果の場合には伝えにくいもの。ダメージを最小限にとどめるにはどうしたらいいでしょうか。

まずは声については、信頼や安心の印象を与える**「低めの声」**で話すのが最適だと考えます。

また、話の運びとしては、最初に端的に結論を伝えるのがいいと思います。

悪い結果の場合、どうしても結果を後回しにしたくなり、エクスキューズ（弁明、言い訳）から始めてしまいがちですが、それでは印象は悪化するばかり。

相手が気にしているのは、まずは結果なのですから、そこをまずクリアにしてあげてください。

もちろん、改善策や対応策を事前に頭の中で整理しておくこと。

「悪い結果ではありましたが、しかし……」と順序立てて、手際よく詳細や根拠、今後の見通しなどを説明していきます。

テンポよく、畳み掛けるように話すことによって相手のショックを和らげることができると思います。

コツ41 ▼ 残念な報告は「低い声×速く」で手際よく行う

★ 取引先を怒らせてしまった！ 上手に謝る方法は？

トラブル発生！　利害関係にある先方とどうしても話し合いで解決しなくてはならない。そんなときはどうすればいいのでしょうか。

誰もが心がけるのが、できるだけ穏やかに冷静に収束へと向かうことですよね。そんなときには先に述べた**「感情はシンクロする」**という言葉を思い出してください。

相手に穏やかでいてもらいたいなら、こちらがまず穏やかに話しかけることが何よりも重要かつ効果的です。

りえの㊙エピソード

じつは私にもこんな体験があります。
局アナ時代の元上司なんですが、おこりんぼで有名（？）な方だったんです。元アナウンサーだから滑舌もいいし、声もよく通る。その声でガンガン怒鳴るものだから、もうグサグサ突き刺さるんです。もちろん、理不尽なことをいっているのではなく、ちゃんと筋は通っているし、その人のため、会社のためを思っていってくださっているのですが、それでもやっぱり怒鳴られている状況というのは、誰でもうれしくないし、早く切り上げたいものですよね。

でもそこで、ある人はその上司と同じようなテンションで言い訳をしたり反論をしたりしてしまって、火に油を注いでしまっていたんです。

私はその上司が怒りはじめたときは、できるだけ低い声で、ゆっくり返すようにしました。そうすることでだんだん相手も落ち着いてくるのか、私はその人に激昂されるということはほとんどありませんでした。

怒っている相手には、相手の話をきちんと聞きつつ、これ以上テンションを上げさせないよう、こちらが落ち着くことが大事だと思います。

話し手の印象やムードは、ほぼ間違いなく聞き手に伝播します。穏やかな口調で話せば、相手の気持ちも穏やかになり、同様の口調で返されます。ゆっくりと話すことで、攻撃性を消すことができるのです。互いの感情はシンクロするのです。

そして適度に間を置くこと。これによってこちらが戸惑っていること、心苦しく思っていることを伝えることができます。

またこういうときはパニックになりがちですが、だからこそあらかじめ頭の中でいいたいこと、フレーズをしっかり固めておきましょう。

コツ42 ▼ **上手な謝り方は、頭の中でフレーズを用意しておき、穏やかな口調でゆっくりと**

★ **感情はシンクロする！**

私はタクシーを利用するとき、たまにこんな実験をしています。対話実験とでもいいましょうか。

車に乗り込み、運転手さんに行き先を告げるとき、第2章で紹介した**「声の高さ×話すスピード」**を変えることによって相手に与える印象がどう異なってくるのか試してみるのです。

高めの声でゆっくりと行き先を告げるとき、車内はふんわりとした雰囲気になり、たいていの運転手さんは落ち着いた丁寧な対応をしてくれます。

高くて速い話し方をすると、明るい調子で「この角、右折すればいいかな？」などとカジュアルに友人のように質問を投げかけてきたりしてくれます。他愛のない世間話に花が咲いたりするのは、こういうときが多いです。

一方、低くてゆっくりの声で話しかけたときには、なんと運転手さんから、仕事についてのちょっとシリアスな悩み相談をされることもありました。少々驚きましたが、ゆっくりと「そうなんですね」と相づちを打つと、さらに話が深くなっていきました。

これが同じ低い声でも早口になると、また違った反応が起こるものです。運転手さんと私の間には緊張感が生まれて、仕事モードになり、世間話が弾むような雰囲気にはなりません。

みなさんも声の高さや話すスピード、印象を変えることで、感情のシンクロを体感してみてはいかがでしょう。

反抗的な部下に注意をしなければならない。初対面の取引先との会食が迫っている……など会話に困るシチュエーションはさまざまですが、**「感情はシンクロする」**という原理は不変です。

一方で、**笑顔もまたシンクロします**。母親が微笑みながら赤ちゃんに話しかける音。あれを脳が覚えているためという話もあります。

ほんの少しでも口の端（口角）を斜め上に上げるイメージで、会話にのぞんでみてください。

笑いたくないときでも笑顔をつくるなんて不自然に思うかもしれませんが、効果は絶大です。そして、自分で思うよりもはるかに自然に見えているはず。とくに、相手の話を聞いているときには（黙って相づちを打っているときなどは）、頰の肉を引き上げるように笑みを浮かべてみてください。

そうすれば、話し手には「よく聞いてくれているな」という安心感が生まれるのです。安心感ゆえに話したい気持ちは増すでしょうし、その場の雰囲気もよいものとなります。これによって、あなた自身も話しやすくなるのです。

▼

感情はシンクロする。
笑顔もまたシンクロする。

★プレゼンテーション・スピーチで役に立つスキル

★スピーチ本番で緊張しない方法

人前に出てスピーチやプレゼンをするのは誰だって緊張するものです。ひとつには、第1章で述べた「腹式呼吸」が緊張をほぐすための絶大な味方となってくれます。

私も前述のように本番前にはかなり緊張しますが、むしろ本番前には緊張することも必要だと考えています。そうでなければ**「失敗する」**からです。

かつてアナウンサーの先輩から、このようにアドバイスされました。

「本番前に気持ちをゆるめてはいけない。『今日は大丈夫』と油断して緊張を解くと必ず失敗する」

当時まだ新人だった私は「失敗は緊張しているから起こるのではない

のかな？」と思っていたので、そのアドバイスにさして気を留めていませんでした。

ところが、ある日、大失敗をしてしまったのです。

慣れているレギュラー番組、高をくくって、本番前に仲間らと楽しく談笑していた私。十分にリラックスしてから現場にのぞめば、落ち着いて進行できると思っていたのです。

ところが、いざ本番で覚えていた文章を忘れてしまったのです。

カメラはしっかり回っています。本番であってはいけない沈黙が訪れてしまいました……。

焦りが束になって襲ってきます。まさに絶体絶命。共演者のフォローに助けられてその場をしのぐことはできましたが、アナウンサーが頭が真っ白になって口ごもってしまうなど論外です。

先輩のアドバイスが、そのときになってようやく理解できたのです。


それ以来、**本番の直前には、意識的に緊張状態をマックスにするよう心がけるようになりました。**

誰とも一切話をせず、自分の内側に向かって集中するのです。

手に汗をかき、心臓はドキドキ、体はコチコチに固まって……。しかし、「自分が成功しているイメージ」を描くことだけは忘れずに。自分を鼓舞して過ごすのです。

ただし、**いざ本番で話を始めてからは、腹式呼吸による発声で速やかに緊張を解いていきます**。

このタイミングで腹式呼吸を行うことで、大勢の聴衆やカメラの前でも落ち着いて振る舞うことができ、すべてをスムーズに運べるようになりました。私の場合、職業的に特殊なケースですが、一般的なスピーチやプレゼンにも応用できることだと思います。

厳密にいうと、「緊張」には2種類あるように思えます。

ひとつは、成功に向かっての高揚感と、これからのパフォーマンスに対しての征服感を高めてくれる、「プラスの緊張」です。

一方、「失敗したらどうしよう」「うまくいかないに決まっている」「自信がない」など自分に対する不信感から生まれるのが**「マイナスの緊張」**です。

どちらも身体的には同じような反応を示しますが、心持ちはまったく違います。

話をする直前には、**「プラスの緊張」**を極限まで高めることが大事です。さらに話しはじめたら、腹式呼吸で速やかに緊張を解き放ちましょう。

これも、私が失敗の経験から体得した「うまく話をするためのテクニック」です。

コツ43 ▼ 本番直前に緊張感を最大に高める。本番が始まれば、腹式呼吸で緊張を解く

★スピーチの途中で頭が真っ白になったら……

「次は何を話すんだっけ?」と話している最中に内容が飛んでしまって、頭が真っ白に……。こんな恐怖体験をしたことはありませんか。

練習を積んでいても、本番は何が起こるかわからないもの。レッスンの生徒さんもこの体験をなさっているようで、そんなときは、こうアドバイスします。

「みなさんのまなざしがすごくて、何をいおうとしていたか忘れてしまいました～!」

「ちょっと待ってくださいね。あとからまとめて申し上げますから!」

「おっと言い方を間違えました！」

「やっぱり噛んじゃいましたね〜（笑）」

このように**頭が真っ白になったことを素直に白状してしまう**のです。

話者の突然の告白によって会場にドッと笑いが起こったりすれば、自分自身の気持ちもほぐれます。ハプニングを楽しむぐらいの気持ちでのぞんでください。

そうやって楽しむことができたなら、聴衆との距離も縮まり、かえって好ましい結果が出るのではないでしょうか。完璧な自分である必要などありません。

それでもやっぱり不安という方は、**原稿をあらかじめ手元に用意してください**。

先日も、大企業の社長さんが乾杯のあいさつをされたのですが、10分間、スピーチ原稿に目を通しながら話されていました。しかしそれは見事なスピーチでした。

原稿を見せていただくと、たくさんの色のマーカーで印がつけてあり（それこそ朗読の技術が応用されていました）、入念に準備されてのぞまれていたことがうかがえました。

コツ44 ▶ ハプニング、失敗が起こったら……素直に白状して笑いをとる

★お客さんに助けてもらおう！

もうひとつ、緊張を解くのにとっておきの方法を伝授しましょう。

それは「お客さんに助けてもらうこと」。

話を始めたはいいものの、緊張がどうにも解けないというとき、話を聞いてくれている聞き手、お客さんの顔を一人ひとり見ていって、**「反応のいい人」を探す**のです。

ここでいう「いい人」というのは、話を熱心に聞いてくれる人、「うんうん」とうなずいてくれる人、楽しそうにニコニコしてこちらの話に乗ってくれている人のことです。人のよさそうなおばさま、見るからに誠実そうなサラリーマンなど……。どんな会場でもそういう方が必ずいらっしゃいますよね。

そういう人に向かって話すようにするのです。そうするとその方はこちらの話にとてもよく反応してくださいますから、話していて心が落ち着いてきます。

私はどうにも緊張して、落ち着かないときなどは、いまでもこのテクニックを使っています。

★できるだけ多くの人に話を聞いてもらえる必殺テクニック

前の項目にも通じますが、同じ話でも、熱心に聞いてくれる人、前のめりになって聞いてくれる人もいれば、退屈そうにしている人、スマホをのぞいている人、あまつさえ居眠りをしている人もいますよね。

聞いてくださらない人を見ると、「自分の話に魅力がないんだ」「自分に興味がないんだ」とガッカリしてしまいます。

しかし、聴衆の全員が興味をもって耳を傾けてくれるなんてこと、じつはめったにないものです。

ここは発想を転換してしまいましょう。

「聞いていない人に向かっては、こちらも語りかけない」

これでいいのです。ターゲットを熱心な聞き手だけに絞ってしまうのです。**熱心に聞いてくれている数人に向かって話すようにする**のです。

時には、**「全員にとって満足できる話なんてない」という達観も必要**だと思います。

じつはこうしてターゲットを絞ることで、かえってより多くの人に「聞かせる」スピ

▼

「この人に語りかけよう」
という数人を選ぶ。

ーチができるようになるのです。

具体的には全体を見回して話しながら、「この人に語りかけよう」という人を数人選んだら、順番にその人たちに向かって語りかけるようにします。こうして相手を具現化することで「話しやすさ」が増し、聞き手にとっても「聞きやすい」話になるのです。

このとき、**できれば会場を大まかに中央・左側・右側と分割して、それぞれから1〜2人を選ぶといいと思います。自分の視線が偏らないようにするため**です。もちろん前項を参考にしてくださっても結構です。

これは大勢の聴衆を前に、誰に向かって話せばいいのか戸惑うときにも使えるテクニックです。

コツ45 ▼ 無理に全員に聞かせようとせず、聞いてくれる数人に「ターゲット」を絞る

★スピーチ原稿は用意すべきか、その場で考えたことを話すべきか

書いてきたものを読むべきか、その場で感じたことを話したほうがいいのか。これもみなさんが悩まれることだと思います。

どちらかのスタイルが正解ということはありません。自分がやりやすいほうを選ぶのがベストです。

スピーチに慣れていない人であれば、まずは「書いてきた原稿を読む」スタイルから始めてみるのもいいと思います。

原稿をつくってひとりで何度か練習したあとは、周囲の誰かに実際に聞いてみてもらってください。たとえひとりでも聞き手がいることが重要です。相手の反応を伺いながら、テンポや抑揚を考えてみるのがとても効果的です。

一方、**スピーチにある程度慣れている人、新鮮な気持ちでないとテンションが上がらない人は、その場で感じたことを話すほうがいい**でしょう。

私自身は後者のほうです。スピーチを頼まれたときは、準備はするものの、かっちりとした原稿はつくり込みません。

具体的には、まず全体の構成を考えます。

「オープニング→結論を匂わせる→その具体的なエピソードをいくつか→結論（言い換えも含む）→聴衆へのメッセージなど締めの言葉」

こうした構成をもとに、いいたいことをリストアップしていきます。

文章ではなく箇条書きのメモで、メモができたら原稿は書かずに軽い練習を始めます。入浴時、バスタブに浸かりながら……などリラックスした状態で、実際に口に出してスピーチを試みてみるのです。これをやってみると「辻つまが合わない」とか「別のエピソードのほうがしっくりくる」など、いくつか気づくことがあるので、それを修正します。

準備はここまでです。かっちりした原稿を用意しないのは融通を利かせるため。

当日、朝のニュースで仕入れた情報、スピーチする現地への途上で見聞きしたこと、開催場所の土地柄、名産品を調べ、聴衆の様子など、面白いハプニングや、聞き手にとっても共感できるトピックがあれば、それを挟んだりします。

「先ほど、会場の入口に○○○がありましたが、ご覧になりましたか？」などと問いかけてみることで、聴衆との距離を縮められることもよくあります。その場のライブ感を大切に、アドリブも入れながら、話していきます。私の場合は完成された原稿を準備すると、かえって言葉が出てこないのです。

先日、福岡県の久留米市を訪れてスピーチしたときも、前日までのリサーチで特産のおいしいものについて触れようかなと考えていたのですが、直前になって「あっ、そういえば私は昔、久留米出身のチェッカーズのファンだった」と思い出し、本番の数分前にこの話題を組み込むことに変更。

「チェッカーズのファンクラブ会員だった中学時代の私が、フミヤ君の実家にどれだけ行ってみたかったか」を話してみたのです。

これが地元の方々の共感を得られたようで、会場の雰囲気が和やかになった瞬間を感じました。

コツ46 ▼原稿通りに再現するより、アドリブ感を大事にするほうが、話は盛り上がる

りえの耳寄りコラム ▶ 萩本欽一さんの「空白の台本」

原稿を用意すべきかどうかについて、かつて萩本欽一さんが『ソロモン流』（テレビ東京系列）でおっしゃっていた話はとても印象的でした。

彼の舞台台本には、ところどころに空白があるのだそうです。

「全部書いちゃうとね、予定調和になるから。観ている人は面白くない」とのこと。空白部分についてはお稽古も一切なしで本番にのぞんだこともあったとか。

役者にとっては恐怖でしょうが、そこでがむしゃらに考えた表現が、生の面白さを生むというのが彼の狙いだというのです。

きちんと組み立てられて準備されたものの中に、一部その場で生まれたものが入る。そのメリハリが面白みを増すのです。これはスピーチにも当てはまるのではないでしょうか。

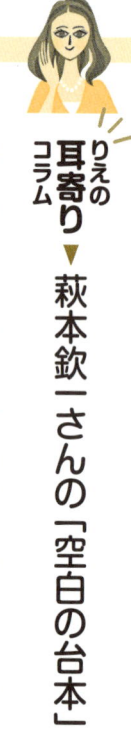

★大きな舞台や大事なプレゼンの前に行う準備、リハーサル

大切な取引先との商談、社内プレゼンテーション、結婚式でのスピーチ……学んでいただいた「話す力」を存分に発揮していただくために、「話す内容」以外の準備も必要となってきます。

私が必ず行っているのは、スピーチする場所、環境を、事前に自分の目で確認しておくことです。

会場には少なくとも1時間から1時間半前には入ります。

会場の広さ、状況はもちろん、演台の前にも実際に立って場内を見渡してみます。マイクも実際に持たせてもらってコードレスかスタンドタイプか、使いやすいかどうかなどを確認。用意したメモや原稿、水などを演台のどこに置くかも考えておきます。

「そんなに細かいことまでチェックするのか」と驚かれるかもしれませんが、自分にとって居心地のいい状態で話すことができるように、準備できることはすべて準備し、心配や不安材料をできるだけゼロに近づけることが、失敗しないために大事なことだと思います。

そのうえで、できればリハーサルをします。

私の場合は用意周到にしてしまうと力を発揮できないタイプなので、ごく軽めにリハーサルを行いますが、人によっては、本番同然にしっかり行わないと落ち着かないということもあるでしょう。

いずれにせよ、大切なのは、**リハーサルでも、誰かひとりでいいので客席で聞いてもらう**ことです。観客がいるといないとでは臨場感が全然違いますから。

こうして十分に準備をすませると、「プラスの緊張感」が生まれ、不安などから来る「マイナスの緊張感」は自然に消えていきます。

コツ47 ▼本番前のリハーサルでは、ひとりでもいいから客席で聞いてもらう

★その他準備についてのアドバイス

スピーチやプレゼンの前に行う準備についてのアドバイスをまとめておきます。

❶話をするときの飲み物

話をするときに、のどを潤す飲み物はぜひとも必要です。

「ここ一番」という大事なときにはコーヒーやお茶ではなく、私は「水」をおすすめしています。

私自身の経験から、水でのどを潤した直後が最もきれいな声が出ると実感しているからです。

コーヒーやお茶はのどを潤すようでいながら、かえってガラガラにしてしまうので私は選びません。

どうしてもコーヒーや紅茶を飲みたい場合は、ミルクを入れて飲むといいと思います。ミルクの油脂分がのどを保護してくれます。

ある舞台俳優さんは、本番前やレコーディングの途中に豚骨スープを飲むとおっしゃっていました。これものどを滑らかにするすばらしい飲み物だと思います。

コツ48 ▶ 話をするときに必須の飲み物は「水」。お茶やコーヒーはNG

❷ 直前の食事

直前の食事は軽めにすませましょう。人は満腹状態だと、キビキビ動けません。

また、胃に食べ物がたっぷりあると、横隔膜を下げられません。

腹式呼吸は、肺を下方に膨らませるため、その分だけ横隔膜が下がります。が、その余地がないと十分に息を吸い込めません。だから、胃の中はある程度空けておいてほしいのです。

私もナレーションの仕事のときは数時間前までに食事をすませておきます。どうしても空腹が気になるときは、おにぎりを半個程度いただきます。長時間の収録では血糖値を下げないようにキャンディなどを用意しておきます。のど飴も愛用しています。

コツ49 ▼本番前の食事は軽めに。お腹いっぱいだと、声がしっかり出ない

❸服装

可能な限り、腹式呼吸をしやすい服装選びを心がけます。お腹の動きを妨げない＝ウエストを締めつけないことが最大のポイントです。

女性の場合、かしこまったシチュエーションではウエストを絞ったドレスなどを選びがちですが、腹式呼吸のためにはある程度の余裕をもたせた服装がいいのです。

慣れない状況では、慣れているものに囲まれることで安心感を取り戻せます。そのため、靴は履き慣れているものに限ります。しっかりと地面に足を踏ん張って、しっかり腹式呼吸をしましょう。

とくに女性は慣れない高いヒールだと体がグラグラして安定しません。これでは余計に不安になってしまいます。

りえの㊙エピソード

といいつつ、私自身、じつは先日、大失敗をしてしまいました。
その会では写真撮影もあるとのことで、ついシルエットをきれいに見せようと、ウエストを締めつける服を着ていってしまったのです。そうしたら案の定、腹式呼吸ができず、緊張が解けないまま。そうでなくても緊張しやすいタイプですから、もう頭が真っ白。
その会で話すことを1か月ぐらいかけて考えていったのに、1割も話せないまま終了。終わったあとは汗ぐっしょりでした。
本当に服装は大事だということをつくづく感じた一件でした。

❹ドレスアップの準備

披露宴など、フォーマルシーンでは、タキシードやドレス、普段とは違うアクセサリーなど、慣れていないものを身につけることになります。がんばって新調したけれど、なんだか落ち着かないかも……と心配な人は、ぜひ本番前に何度か身につけておくことをおすすめします。そしてそれを着た状態でスピーチの練習をしましょう。

細かいことのようですが、**些細なことが意外と本番の集中力をそいでしまう**のです。

▼
飲み物、食事、服装も大切。できる準備は何でもしよう！

小さな心配ごとはさっさと解消してしまいましょう。

コツ50 ▼リハーサルは、本番と同じ衣装を着た状態で行う

❺睡眠

翌日に長いプレゼンテーションや緊張するあいさつなどが控えているときは、十分に睡眠をとるようにしてください。

体や頭を休めるために必要というだけではありません。「のどを休める」という意味でも十分な睡眠は必要なのです。声帯は筋肉ですからもちろん疲労します。昼間の会話で疲れた声帯を休め、疲労をとってあげてください。

（特別付録）1

小泉進次郎さんに学ぶスピーチの極意

私のレッスンでは、政治家のスピーチをお手本にすることがよくあります。

自分のビジョンや政策をわかりやすく語り、聴衆の心に響かせて賛同を得ることは政治家にとって不可欠なこと。ですから政治家には、やはりスピーチ上手な人が多いと思います。そこには私たちにも参考になる上手に話すためのコツが、ぎっしり詰まっています。

数多い政治家の中でも、本当にスピーチが上手だと思うのは小泉進次郎さんです。

お父さんの純一郎さんもスピーチ上手で知られますが、進次郎さんは若いのにすでにスピーチの達人の域に到達しています。

彼は落語ファンだったり、古舘伊知郎さんのトークライブ「トーキングブルース」をプライベートで聴きに行ったりするなど、もともと人前で「話すこと、伝えること」に興味があったのだと思います。

彼のスピーチの内容はもちろんいつもすばらしく熱がこもっているのですが、よくよく聞いてみると、とくに具体的なお話をされていないこともあるのです。でもご当地ネタやお客さんいじりをして、その場はものすごく盛り上がっている。聞いている人は「この人なら信頼できる」「何かをやってくれそうだ！」と期待をします。

まさに「何を話すか」ではなく「話し方」なんです。

❶強調したいところを「高く」「大きく」「ゆっくり」話す

第3章「朗読」の項目で述べたこととまさに同じで、進次郎さんは、最もいいたいこと、強調したいことを高くゆっくり話すことで、聞き手の注意を集め、心に響かせるのです。

そして強調したい言葉の直前には、驚くほど長い「間」をとります。1000人を超える聴衆を前にしたスピーチで、長い「間」をとるのはかなり勇気のいることですが、彼はそれを堂々とできるのです。

たとえば彼の実際のスピーチで「町田には何でもあります。でも、ないものが2つあります」というフレーズがありました。

まず「町田には何でもあります」は下げていいます。次の「ないものが」をグッと上げていう。そして「ふたつ」の前にしっかり間をとっていました。そして「ふ」をきっちり発音する。これで「ないものが2つある」ということが聞く人の耳にはっきり飛び込んできます。

逆に、それほど重要ではない部分は驚くほどの早口で、声量もセーブして流していました。何をいっているのか聞き取れないところもあるほどで、緩急のつけ方がとても大胆です。

しかし重要な話になると、速やかに声が上がり、声量は増します。これによって聴衆の注意を一瞬にして集めることができるのです。

❷わかりやすい言葉で簡潔に語る、一文を短くする

彼のスピーチを原稿に書き起こしてみるとわかりますが、一文、一文がじつに短くて簡潔です。

短い文章を積み重ねて話すことで、聞き手は内容を理解しやすくなります。ここが話し言葉と書き言葉の大きな違いです。

逆に、一文が「どこまで続くの？」とあきれるほど長く続くものは理解してもらえません。それどころか「要領を得ない人」というイメージをもたれかねません。

「今日、桜木町で街頭演説をやる機会をいただいたんですが、学生時代を思い出すんですが、よくあの中で飲んでました。そしてカラオケを思い出すんですが、私の時々歌う歌に山崎まさよしさんの『ワンモアタイム　ワンモアチャンス』があるんですが、あの中で桜木町のことを歌ってるんですが……」

これだと何がいいたいのかボケてしまい、わかりませんね。

「今日、桜木町で街頭演説をやる機会をいただいたこと、学生時代を思い出します。よく、あの中で飲んでいました。そしてカラオケを思い出します。私が時々歌う歌。山崎まさよしさんの『ワンモアタイム　ワンモアチャンス』。あの中で桜木町のことを歌ってるんです。今日桜木町で街頭演説の機会をいただいたとき、いまの自民党にぴったりだと思ったんです」（小泉進次郎さんの実際のスピーチ）

必ず一文が短い。それによって聞く側に非常にわかりやすくなります。

❸助詞を上げない

これもすでに述べたことですが、助詞を上げるのは話し方としてNGです。

これは政治家でもやってしまう人がいるのです。しかし進次郎さんは助詞を上げません。

再度申し上げますが、助詞を上げるのがなぜNGかというと、聞き心地がよくないだけではなく、その言葉が「他人事のように聞こえてしまう」からです。

助詞を上げない進次郎さんの話を聞いていると、「自分の言葉で本音を語っている」と自然に思えてきます。

❹「えー」をいわない

これも前述したように話の冒頭で「えー」が入るとじつに聞きにくくなりますが、進次郎さんは「えー」をまずいいません。

これはお父さんの純一郎さんもそうです。私があるシンポジウムの司会をさせていただいたとき、純一郎さんが1時間の講演をされたことがありました。

ちょっと失礼かと思ったのですが、いい機会と思い、何回「えー」をいうかをチェックさせていただいたんです。

最初の5分間、会場の空気を読みながら「今日は何を話そうか」と模索している（であろう）ときに、ごく短く「えっ」が3回ありましたが、残りの55分間にはただの一度も出てきませんでした。この忍耐力と集中力は超人級だと思います。

❺身振り手振りを積極的に使う

純一郎さんは身振り手振りも非常に効果的に使っていました。聞かせどころでは、両手を振りかざしての熱弁。聞かせどころ以外は、ポケットに手を入れてラフな感じで話してみたり。

ポケットに手を入れて話すのは場を選ぶことでしょうが、こうした「体勢」のバリエーションも、話し方にニュアンスを添えてくれる重要な要素となっているのです。

進次郎さんはこの父・純一郎さんからスピーチスキルを学び、さらに進化させているように見えます。

なぜなら多くのテクニックを自在に操っているにもかかわらず、彼のスピーチは日常会話のような自然さを帯びているからです。言葉の「演奏法」を自分なりに確立されているのです。

進次郎さんのスピーチを私の講座で教材としているのは、日常会話でも使えるテクニックが満載されているからです。

話を聞いている人たちは、スピーチの間中、彼に釘付けといっていいほど、話に引き込まれてしまいます。

そして彼の話にうなずき、「この人はきっと日本をよくしてくれる」と彼のファンになる。「伝える力」は抜群だと思います。

「話す技術」があってこそ、その言葉は聞く人の奥深くに届き、心に響くという好例です。

興味のある方は、ＹｏｕＴｕｂｅなどにアップされている進次郎さんのスピーチを聞いてみてください。

話し方において、これ以上のお手本はないといってもいいぐらいです。お父さんの純一郎さんのスピーチもとても勉強になります。

念のため申し上げますが、私がおすすめしているのはこの方々の政治的な信条ではなく、あくまでスピーチスキルに特化した話です。

（特別付録）2

魚住りえが勝手に添削！著名人の話し方スキル

❶石破茂さんは意外な（？）スピーチの達人だった！

先だって、とある政治家のパーティの司会をつとめさせていただいたのですが、そこに自民党の石破茂さんがいらっしゃって演説をされました。

石破さんというと、低い声で静かにしゃべるイメージがありませんか？　少なくともテレビの討論番組や取材に答えるときはそんな感じですよね。

ところがいったん壇上に立って演説を始めた石破さんはそんなイメージとは全然違う。その話し方はとても情熱的で、「静」ではなく「動」そのものでした。

まず非常に滑舌がよくて、ひとつの音も聞き取れないということがない。全然噛まないんです。そして抑揚がしっかりついていました。冷静にしゃべっていても、ここぞというときには気持ちがたかぶってきて、感情のあふれた話し方になる。……おそらくですが、計算でなさっていることだと思います。

さらに「ここぞ」というときには、3秒ぐらい沈黙を入れる。前述のように一瞬の間を置くことによって、その次の言葉が「立つ」のです。そういうしゃべりの技術が随所に生きていました。

そしてなんといってもすばらしいのが姿勢。しゃべっている間、上半身がブレないんです。上半身が横に揺れると声がブレてしまって聞き取りづらいのですが、彼はずっとしっかり姿勢を保っているのです。見ると、手で机をガッとつかんでいらっしゃいました。だから動かない。意図してやっているのか、自然になさっているのかはわかりませんが、これによって声が通り、いっそう聞き取りやすくなっていました。

それから足もしっかり踏ん張っていて、ところどころ足で床を踏み、リズムをとっていらっしゃいました。これはテンポよく話すためにとてもいいことだと思いました。

政治家には演説の上手な人が多いのですが、その中でも石破さんは本当にお見事だと思いました。私も学ぶところが多かったです。

❷ジャパネットたかたの髙田明さんは、テレビと普段が全然違う！

テレビショッピングでおなじみ、ジャパネットたかたの髙田明さん。方言交じりの独特の口調が受け、幅広い人気を集めていらっしゃいます。

この方の話し方は高音で早口。これはたくさんの人の注目を集め、購買意欲を高めるのにとても適したしゃべり方です。

私がナレーションをつとめていた『ソロモン流』（テレビ東京系列）にも出演していただいたことがありますが、そのVTRの中で、髙田さんがものすごく低い声でゆっくり話しているのです。私はあまりの差異に驚き、「この方、俳優さんかなにかをやっていらしたのかな？」と思ってしまったほどです。

その後、社長を引退なさる記者会見での話し方が「テレビショッピングと全然違う！」と話題になっていましたが、そのぐらい本番と普段の話し方が違うんです。

でもじつは髙田さんの本番のあのしゃべり方は、決してわざとやっているのではなく、自然と「なってしまう」ものだったんです。

あまりにもその商品がすばらしくて、みなさんにおすすめしたいという気持ちがあふれて、あのような声、しゃべり方になってしまうのだそうです。

「ここがすごいんです！」

「特別なんです！」

あれは髙田さんの本心から出ている声なのですね。

これを使ってみんなに喜んでもらいたい、お買い得品をおすすめしたい、その一心なんです。だから聞く人の心に響くのです。その結果がビジネスの成功にもつながっているのだと思います。

❸ダウンタウンは話し方も対照的！

浜田さん＝高くて早口×若い×ハイテンション で元気
松本さん＝高いがゆっくり×癒やし系×ボケて人に好かれる

私がいつも「聞き上手だなぁ」と感心してしまうのが、ダウンタウンの松本人志さんです。

意外に思われるかもしれませんが、松本さんはトーク番組などで相手とからみながら、相手の話をよく引き出し、それをボケにもっていくのがとてもお上手です。そのスキルはほかの人の追随を許しません。

これは松本さんがちゃんと人の話を聞いているからこそできること。逆に聞いていなかったらボケることができないのだと思います。

一方、浜田雅功さんはMCのスキルはとてもすばらしいのですが、わざと人の話をあまり聞かないというスタンス

をとっておられます。ゲストの話などを聞いていても、すぐにイライラして、「ほいで～～？」などとせっついたりしています。聞き方において二人が対照的なのもいいコンビネーションなのかもしれません。

④ SMAPの中居正広さんの陰に隠れた努力

司会者といえばSMAPの中居正広さんを思い浮かべる人が多いと思います。この方はアイドルなのに、本当にすばらしい司会のスキルをおもちです。

中居さんが司会のある番組でアナウンサーが10人ほど出演して「滑舌選手権」みたいなものを行ったことがありました。私も出させていただいたのですが、そのときに中居さんから伺った話がとても印象的でした。

彼は前の晩にアナウンサー一人ひとりのプロフィールを読んで、この人にこういう話を振ってこういう話を引き出そ

うなどと、頭の中で番組をシミュレーションしてきたそうなのです。
これはゲストを迎えるときにも常にやっていることなのだと思います。あれだけ仕事が忙しいであろう中で、司会者としてのプロ意識の高さに本当に感心してしまいました。

⑤ 浅田真央ちゃんと増田明美さんの話し方は女性のお手本

インタビューを受けることが多いスポーツ選手ですが、なかでも「話し方」という点で、際立っているのが浅田真央ちゃん。彼女の話し方は上品で、かつ説得力がある点がすばらしいと思います。まさに女性の話し方のお手本になるといっていいほどです。

まず真央ちゃんは話している最中に体を動かさないんです。だから記者会見などでも堂々としているように見えます。

そして話し方ですが、まず常に笑顔、そして高めの声です。そして語尾がきっちり「です」「ます」で終わるんです。若い女性によく見られる話し方である、「○○なんですよね～」みたいな話し方をしません。

「○○という気持ちで滑っています」といった具合に、きれいに「ます」で終わるから、とても丁寧で上品な雰囲気です。

そして一つひとつ短い文を積み重ねるので、とても聞きやすいのです。

もうひとり、元マラソンランナーでスポーツジャーナリストの増田明美さん、この方の話し方もすばらしいです。まず彼女はとても丁寧にしゃべります。そして速度はゆっくりで、抑揚をつけるのがとても上手です。

そしてすばらしいのが一文ごとに口を閉じていること。これによってとても上品な感じが出ます。

実際に話しているのを拝見すると、手振りをしっかりつけていらっしゃいます。体でしゃべっているのです。これは非常に信頼感がもてる話し方なんです。

こうしたことがすべて重なっているから、この方の解説はとても聞きやすく、わかりやすいのです。2000年に放送業界で活躍した人に贈られる日本女性放送者懇談会賞

（放送ウーマン賞）を受賞されていらっしゃいますが、このお見事な解説ぶりも理由のひとつだと思います。

❻ミッシェル・オバマは私の理想

アメリカのオバマ大統領の夫人、ミッシェル・オバマさん。スピーチの達人としても知られますが、この方の話し方はまさに私の理想に近いものがあります。

彼女は低く落ち着いた声で、本当に言葉にメロディがついて、まるで歌っているかのように話ができるのです。

先日来日して、女性の教育についてスピーチをなさっていましたが、とてもすばらしいものでした。

彼女はどのスピーチもすばらしく、参考になるのですが、圧巻はなんといっても2008年のアメリカ・民主党全国大会でのスピーチだと思います。

オバマ大統領や自身の生い立ちについて語っているのですが、堂々としていて、情熱にあふれ、話の内容がこちらの心にダイレクトに飛び込んでくるのです。

スピーチの基本である、「最初は高く、真ん中はちょっと低め、最後は力強く締める」も完璧にこなしていらっしゃいます。会場は感動と興奮の嵐です。

彼女はこのスピーチで夫を大統領の座に押し上げたとさえいわれますが、そういわれるのもうなずけるほど、本当に見事な話しぶりです。

このスピーチはＹｏｕＴｕｂｅで見ることができるので、興味がある方はチェックしてみてくださいね。

(特別付録)

3

魚住式メソッド 50のコツを一挙公開！

コツ**1**▼**「声＝洋服」**と考え、場面ごとに使い分けるようにする

コツ**2**▼3つのやり方で、**「いい声」**は簡単に出せる

コツ**3**▼**腹式呼吸のトレーニング**は、まずは寝っ転がった状態から始めると簡単

コツ**4**▼鼻先に指を当てて、あなたの**「一番聞き取りやすい声」**を見つける

コツ**5**▼のどに指を添えて、あなたの**「一番いい低い声」**を見つける

コツ**6**▼てのひらを頭に添えて、あなたの**「一番いい高い声」**を見つける

コツ**7**▼滑舌が悪い人は、**口のまわりの「筋トレ」**をすれば、劇的によくなる

コツ**8**▼まず「理想の話し方」は何か、モデルを見つけて**「目標設定」**をする

コツ9▼**大勢の前では「高い声」**で話すと、注目を集めやすい

コツ10▼**電話ではいつもより「低めの声」**で話すと、相手が疲れない

コツ11▼「高い声×ゆっくり」話すと、**やさしく大らかな印象**になる

コツ12▼「高い声×速く」話すと、**元気で明るい印象**になる

コツ13▼「低い声×ゆっくり」話すと、**落ち着いた印象**になる

コツ14▼「低い声×速く」話すと、**仕事ができる印象**になる

コツ15▼上達への第一歩は**「モノマネ」**。2つのポイントで徹底的にマネをする

コツ16▼**笑みをつくって話す**と、自然とやさしく明るい印象になる

コツ17▼**「口角を上げてしゃべる」**は好印象をもたれる魔法の話し方

コツ18▼**唇がのど仏にあるイメージ**で話すと、自然と声が低くなり、話の説得力も増す

コツ19▼**早口を直すには朗読**が最適。一つひとつの音を確認しながら話すことも効果的

コツ20▼自分の言葉を**「聞く意識」**をもって話すと、噛むことが自然に少なくなる

コツ21▼話を始める前に、**「どう伝えるか」というプラン**を立てる

コツ22▼**「強調したい部分」**と**「聞き流してもらってもいい部分」**を分ける

コツ23▼5つのテクニックで、話に**「抑揚」「緩急」**をつける
コツ24▼**「録音なくして上達なし」**。朗読は必ず録音して聞き返す！
コツ25▼朗読を通して**「言葉の反射神経」**を磨き、ボキャブラリーも増やす
コツ26▼相づちは、**あえて声を出さずに黙ってうなずく**と、好印象になる
コツ27▼会話のときは、相手との距離感によって**「座る場所」**を変える
コツ28▼話を盛り上げるには、**相手が「はい」「いいえ」で答えない質問**をする
コツ29▼自分が知っていることでも、**わざと知らないふり**をして相手に話してもらう
コツ30▼**会話のときの目線**は、「うーん」と考えるときに上下に移動させる
コツ31▼話すときに上半身を揺らさない。**「会話の船酔い」**のクセは直そう
コツ32▼机や電話の近くに、子どもやペットの写真を貼る。**写真を見ながら話す**と早口にならない
コツ33▼冒頭の**耳障りな「えー」「あのー」**をやめるだけで、立派に聞こえる
コツ34▼**語尾を上げる話し方**は、不快な印象を与えるのでやめる
コツ35▼デートでは**男性は「ゆっくり話す」**、**女性は「高めの声」**で相手の心をつかむ
コツ36▼**初対面の相手**は、事前に情報を集め、あとは臨機応変に対応する

コツ37▼感情はシンクロするので、叱るときは**「低い声×ゆっくり」**話すのが基本

コツ38▼話が弾まない相手には**「質問力」**で乗り切る。**「鉄板質問」**も用意する

コツ39▼会話のとっかかりや沈黙は、**相手の小物をさりげなくほめて**乗り切る

コツ40▼断るときは**「きっぱり×明るく」**が基本

コツ41▼残念な報告は**「低い声×速く」**で手際よく行う

コツ42▼**上手な謝り方**は、頭の中でフレーズを用意しておき、穏やかな口調でゆっくりと

コツ43▼本番直前に緊張感を最大に高める。本番が始まれば、**腹式呼吸で緊張を解く**

コツ44▼ハプニング、失敗が起こったら……**素直に白状して笑いをとる**

コツ45▼無理に全員に聞かせようとせず、聞いてくれる数人に**「ターゲット」**を絞る

コツ46▼原稿通りに再現するより、**アドリブ感を大事にする**ほうが、話は盛り上がる

コツ47▼**本番前のリハーサル**では、ひとりでもいいから客席で聞いてもらう

コツ48▼話をするときに必須の飲み物は**「水」**。お茶やコーヒーはNG

コツ49▼**本番前の食事は軽めに**。お腹いっぱいだと、声がしっかり出ない

コツ50▼リハーサルは、**本番と同じ衣装を着た状態**で行う

おわりに

本書は私の人生初の本です。企画段階から合わせると、じつに3年がかりの「大作」となってしまいました。いまはもう感謝の思いでいっぱいです。

10代でアナウンス技術を学びはじめて25年あまり。局アナ時代も含めて、プロのアナウンサーとして活動を始めて20年になりました。

これまでの経験をもとに「魚住式メソッド」を立ち上げ、話し方のレッスンを行ってきましたが、それを書籍としてまとめるのは意外なほど大変な作業でした。

人前で話すスキルについては自分の中でも確たるものが出来上がっていたつもりでしたが、いままで教えてきたスキルをきちんと言語化し、50のコツとして体系化するというのは、未知の世界だったからです。

大変でしたが、反面すごく楽しい作業でもあり、また、自分にとってもスキルを見直すいい経験となりました。

私がこの本を書いたのには、あるひとつの思いがありました。

日本人はどうしても、自分を思い切って表現することが苦手です。だからこれを読んでいただいて、ためらわずに堂々と自分を表現してほしい、その思いがありました。

話すことはコミュニケーションの要です。スピーチやプレゼンだけでなく、ちょっと改まった席での会話、恋人や友達との会話……。仕事も人間関係も、すべて「話すこと」で成り立っています。

私たちは「話す」ことにあまりに無頓着ではないでしょうか。

その場にいる人が楽しめるようにちょっと工夫したり、準備をすれば、みんなで素晴らしい時間を共有することができます。そうすることで、人間関係がよくなり、友人が増え、仲間が増え、仕事も、デートも、合コンも、就活も、すべてがうまく回りはじめます。

この間、とても嬉しいことがありました。

私のスピーチレッスンのスクールに来てくださっていた女性二人の結婚が決まったのです。二人ともずっと婚活をしていたのですが、なかなかうまくいかないとおっしゃっていて、思い切ってスピーチレッスンを受けに来られました。

最初はどちらも高めの声で、早くしゃべるタイプでした。でも結婚するなら、母性を感じられる落ち着いた女性のほうが選ばれる確率は高くなりますよね。

そこでゆっくり話すようにお教えしたところ、スクールを修了したのち縁があり、トントン拍子に結婚が決まったのです。

「レッスンで自分に自信がもてたことも大きかった」とおっしゃってくださいました。

声と話し方を変えただけで文字通り、人生が変わったのです。

この本を手にとってくださったすべての方の人生が、彼女たちと同じように、いい方向に回りはじめることを祈ってやみません。

最後になりましたが、魚住式メソッドの立ち上げから、運営、そして現在に至るまで、時間や労力を惜しまず、まるで自分の事のように協力してくれた友人たち。そばにいていつも私を応援し支えてくれる家族。そして私にたくさんの「気づき」を与えてくれた受講生の皆様。本当にありがとうございます。深く感謝申し上げます。

また、本書を上梓するにあたっては、編集スタッフの皆様に本当にお世話になりました。スタッフの皆様のご尽力がなければこの日を迎えることができませんでした。この場を借りて厚くお礼を申し上げます。

そして……なんといっても、本書を最後まで読んでくださった皆様。本当にありがとうございました。

本書がきっかけとなり、声と話し方に少しでも自信が生まれ、新しい人生がはじまる契機になれば、著者として望外の喜びです。

2015年7月

魚住りえ

【著者紹介】

魚住りえ（うおずみ　りえ）

フリーアナウンサー。ボイス・スピーチデザイナー。

大阪府生まれ、広島県育ち。高校時代、放送部に所属。在校中、NHK杯全国高校放送コンテスト朗読部門で、約5000人の中から第3位に入賞。

1995年、慶應義塾大学文学部仏文学専攻を卒業し、日本テレビにアナウンサーとして入社。報道、バラエティー、情報番組などジャンルを問わず幅広く活躍。代表作に「所さんの目がテン!」「ジパングあさ6」（司会）、「京都心の都へ」（ナレーション）などがある。

2004年に独立し、フリーアナウンサーとして芸能活動をスタート。とくに各界で成功を収めた人物を追うドキュメンタリー番組「ソロモン流」（テレビ東京系列）では放送開始から10年間ナレーターをつとめ、およそ500本の作品に携わった。各局のテレビ番組、CMのナレーション等も数多く担当し、その温かく、心に響く語り口には多くのファンがいる。

また、およそ25年にわたるアナウンスメント技術を活かした「魚住式スピーチメソッド」を確立し、現在はボイスデザイナー・スピーチデザイナーとしても活躍中。

声の質を改善し、上がり症を軽減し、相手の心に響く「音声表現」を教える独自のレッスン法が口コミで広がり、「説得力のある話し方が身につく」と営業マン、弁護士、医師、会社経営者など、男女問わず、さまざまな職種の生徒が通う人気レッスンとなる。現在は、定期的に10〜15人を募集し、スクールでグループレッスンを行っている。

魚住式スピーチメソッド
http://www.rie-speech.jp/

たったI日で声まで良くなる話し方の教科書

2015年8月20日　第1刷発行
2015年9月30日　第5刷発行

著　者——魚住りえ
発行者——山縣裕一郎
発行所——東洋経済新報社
〒103-8345　東京都中央区日本橋本石町 1-2-1
電話＝東洋経済コールセンター　03(5605)7021
http://toyokeizai.net/

装丁&ブックデザイン…上田宏志〔ゼブラ〕
イラスト…………岸潤一
ＤＴＰ…………アイランドコレクション
カバー&本文写真…田川智彦
ヘアメイク……畑野和代
編集協力………高橋扶美／松本典子
印　刷…………ベクトル印刷
製　本…………ナショナル製本
宣　伝…………笠間勝久
編集担当………中里有吾
　Printed in Japan　ISBN 978-4-492-04576-3